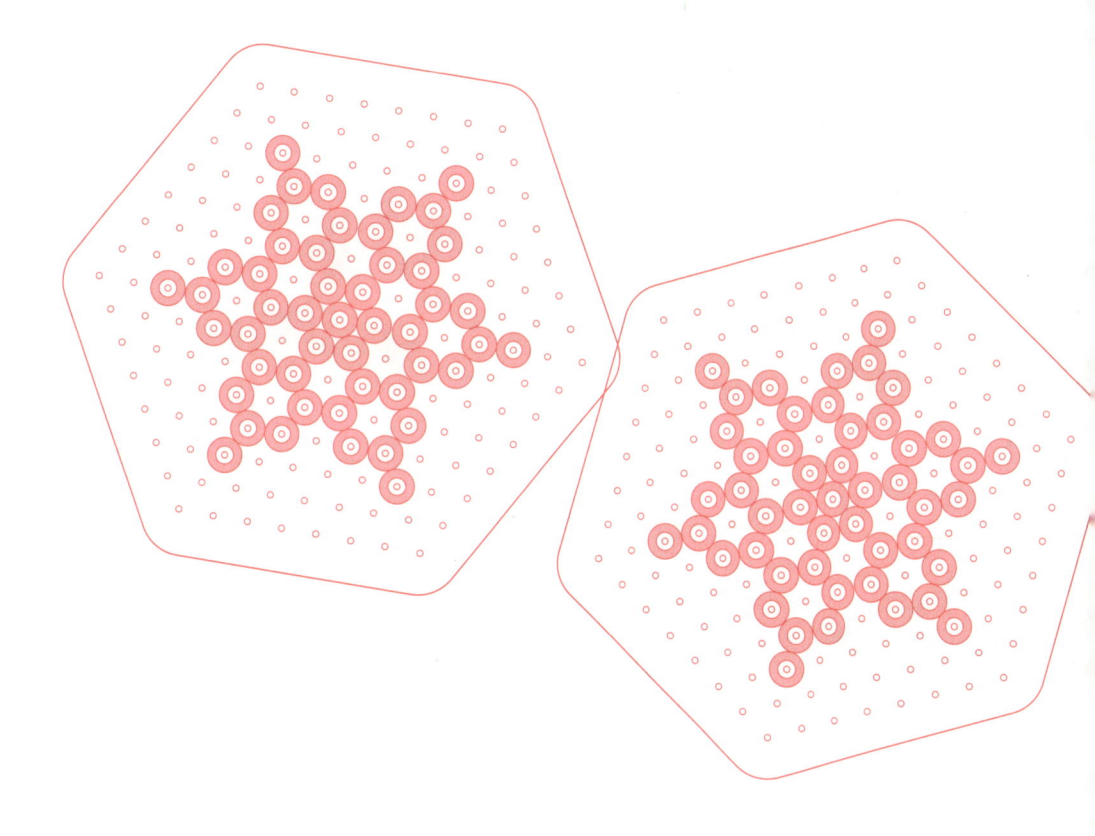

デンマーク発

パニラ・フィスカーの
アイロンビーズ・マジック

子どもも大人も楽しめる
イヤリング、ブレスレットからオーナメントまで

パニラ・フィスカー 著

くらもと さちこ 訳

誠文堂新光社

**大人も子どもも楽しめる
アイロンビーズの世界へようこそ**

こんにちは。手仕事デザイナーのパニラ・フィスカーです。

この本を手にとってくださって、ありがとうございます。

私は、皆さんの創造性が今まで以上に輝くお手伝いをすることが大好きです。

実用性を備えた美しいデザインを何よりも大切にしていますが、形や色で遊ぶことやサステナブルであることも重要な要素だと思っています。

アイロンビーズは、入手しやすい上、難しい技術を必要とすることなく美しい作品が作れる素晴らしい素材です。アップサイクルができることも魅力的ですね。

私が提唱する「アイロンビーズ・マジック」で、楽しいひとときをお過ごしください。

デンマーク王国コリング市にあるパニラさんのアトリエ。お気に入りのものを飾って、居心地のよい空間を創っている

パニラ・フィスカー (Pernille Fisker) さんは、デンマーク王国コリング市在住の手仕事デザイナーです。テキスタイルに特化した高等教育機関「デザインスクール・コリング (Designskolen Kolding)」モード学科の出身です。母校で基本の縫製技術とアパレル生産に関する講義や技術指導に携わった後、手仕事デザイナーとして独立しました。アイロンビーズや毛糸などの身近な素材を使ったワークショップを開いて、手仕事の楽しさを伝え、創造性を育む活動を展開しています。難しい技術を持ち合わせなくても、身近な素材で美しい作品が作れるのは、パニラさんのデザイン力。高い評価を浴びています。
パニラさんのWEBサイト: www.perlemagi.dk

コリング市は、ドイツと地続きのデンマーク王国ユトランド半島東岸に位置します。コリング湾の湾奥にあり、国内の主要交通網の分岐ポイントとなっています。東にまっすぐ230kmほど進むとデンマーク首都コペンハーゲン、ドイツとの国境までは約90km、国内最北地点までが320kmです。鉄道、車道ともに交通網の中枢的な役割を担ってきたため、造船業や繊維産業など、輸送を必要とする産業が集まりました。

コリング湾の湾奥に位置するコリング市

デザインスクール・コリングは、デンマークで唯一、デザインに特化した高等教育機関。繊維産業が栄えたコリング市の歴史と深く結びつき、繊維工業を基盤にした意匠や生産を中心にした教育プログラムが特徴です。
https://www.designskolenkolding.dk

デザインスクール・コリング　写真提供　©Designskolen Kolding

Index

チボリ TIVOLI

© Tivoli

1.花と音楽と光に彩られた文化施設『チボリ』 2.パントマイム劇場 3.左からピエロ、コロンビーナ嬢、ハーレキン。パントマイム劇に必ず登場する。 4.老若男女が楽しめるのがチボリの特徴。5.デンマークデザインの巨匠ポール・ヘニングセンが設計した庭。

TIVOLI
チボリ

『チボリ』は、180年あまりの歴史を持つ、花と音楽と光に彩られた美しい庭園です。遊園地スペースもありますが、芸術性の高いバレエやコンサートなどが頻繁に公演されているデンマークを代表する文化施設です。幸せやヒュッゲを象徴する憩いのスペースであり、何世代にも渡るリピーターが多いことが特徴です。

コペンハーゲンが城郭都市だった頃に街を囲んでいた水堀は、チボリ園内で湖として生かされ、世界にも稀な19世紀の庭園様式が現存する庭では、8名の専属庭師が毎日こまめに美しい色とりどりの花の手入れを行っています。

デンマークは北欧の一国で、花が爛漫と咲く時期は限られています。150年間、チボリは4月から9月の夏半期に開園する庭園だったため、秋やクリスマスにも開園されるようになっている今も、夏の美しさを象徴する存在として君臨しています。

チボリには、特別文化財に指定されているパントマイム劇場があります。ここでは、創設当時の脚本を使ったパントマイムが、今も尚、上演されています。チボリのパントマイムには、デンマークバレエの要素が多く取り入れられており、面白いだけではなく、上品で優雅な演出が特徴です。このパントマイムの主役は、名家の令嬢コロンビーナ、コロンビーナと相思相愛のハーレキン。そこに粉屋のピエロが道化役で笑いを誘います。ハーレキンの衣装は、チボリのアイコニックな模様として定着しており、この模様が使われると誰もがチボリを連想するのです。パニラさんも、このハーレキンの模様でチボリでの楽しいヒュッゲなひとときと心弾む気持ちを表現しています。

ハーレキン模様で組み合わせた花

花 BLOMSTER

◎ 02	◎ 11	◎ 43	◎ 78	◎ 79

◎ 84	◎ 97	◎ 95	◎ 96	◎ 101

*P.7の右写真に掲載されている花（写真中央）の図案です。

六角形のビーズボードを使います。
花びらの整え方は、P.9をご覧ください。
アイロンのあて方はP.90を参照してください。

茎には、竹串を使います。
花に作る小さな穴は、お手持ちの竹串に合わせて作ります。
竹串の直径を計り、それよりも0.5mmほど小さい穴を作ると、
花をきれいに挿すことができます。

花と葉を別々に作り、花、葉の順で竹串に挿します。
花を先端まで送り、葉を好みの位置に移動させます。

たくさんの花を用意して、
大きな花束を作ってもすてきですね。

◎ 02	◎ 11

花びらの整え方　KLIP KANTER

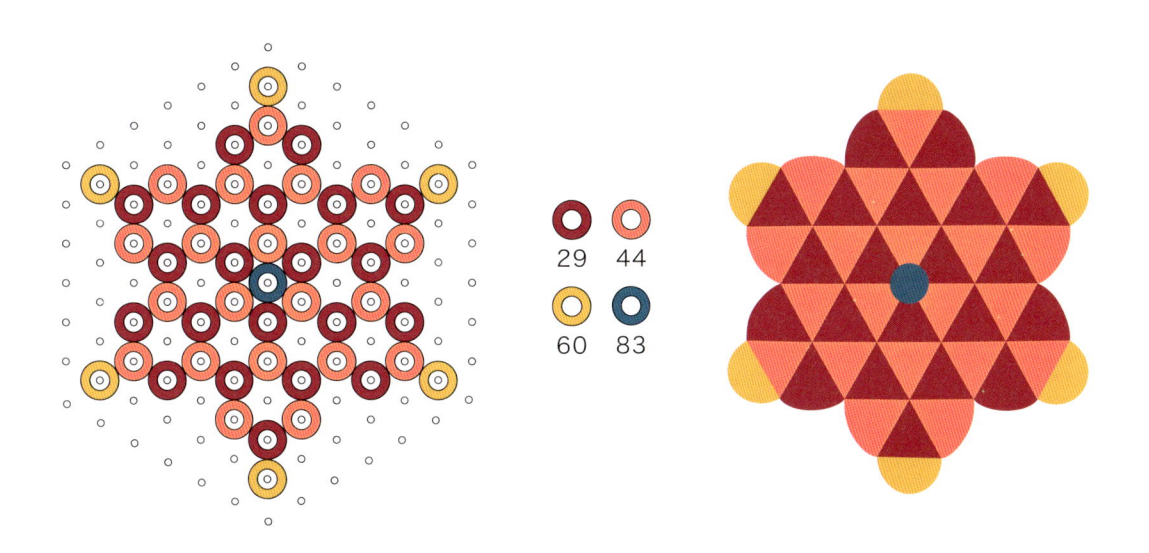

29	44
60	83

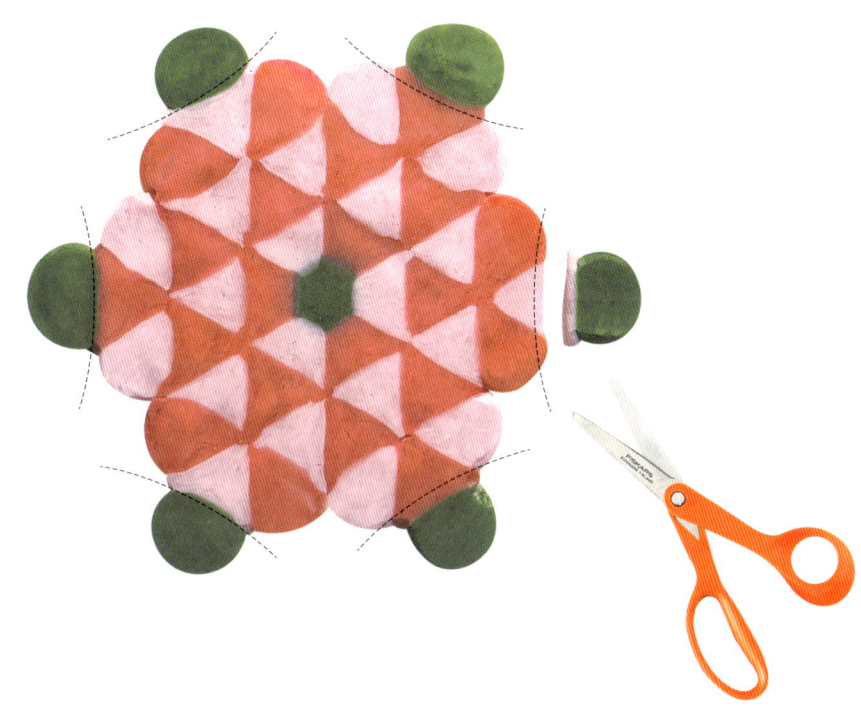

点線の部分をはさみでカットしましょう。

色の組み合わせ　FARVEKOMBINATIONER

葉 BLADE

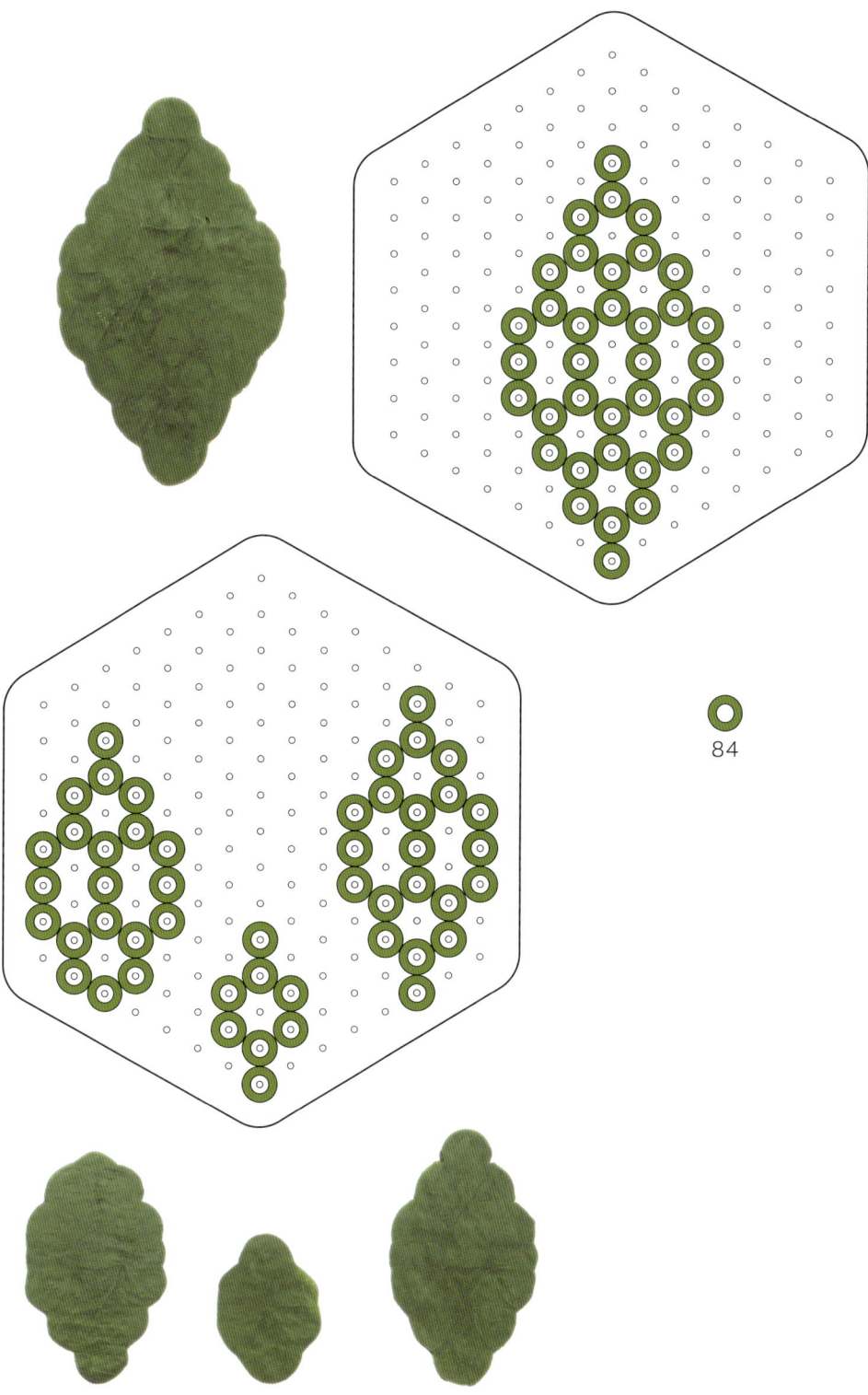

84

色の組み合わせ　FARVEKOMBINATIONER

キーホルダー　KEYHANGERE

いろいろな模様のキーホルダーが作れます。
お好みの形と色の組み合わせで
作ってみてください。

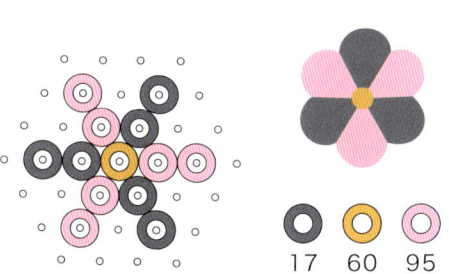

17　60　95

コマ　SNURRETOPPE

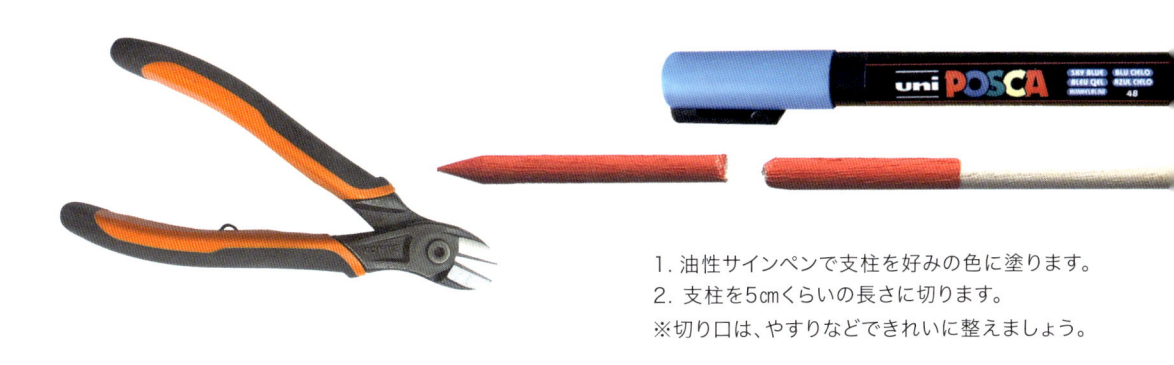

1. 油性サインペンで支柱を好みの色に塗ります。
2. 支柱を5㎝くらいの長さに切ります。
※切り口は、やすりなどできれいに整えましょう。

3. 直径4㎜の支柱を使う場合、アイロンビーズで作ったコマに、3.5㎜の穴をニッパーで開けます。

作った穴から支柱を1㎝くらい出すと、コマがよく回ります。

30	82	44	31	49	08	47	98	84

28	03	60	05	79	11	95	02	71

色の組み合わせ　FARVEKOMBINATIONER

02　31
49　83　71

71　44　02　78
60　97　11　29

春 FORÅR

春の花　FORÅRETS BLOMSTER

デンマークの本格的な春は5月から、と言われますが、

春が遠くからやってきているお告げは、

大寒を過ぎた頃から顕著になり、

春を告げる球根花がゆっくり咲き始めます。

セツブンソウが最初に硬い土から頭を出し、

そのかわいらしい花がほころぶように咲く頃、

マツユキソウもひっそりの可憐な花を咲かせます。

3月になるとクロッカスが庭や公園を飾り、4月に入ると水仙、

そのあとにチューリップが花盛りを迎えます。

チューリップが咲く頃、木蓮や梅など、木に咲く花が開花します。

デンマークには春を呼ぶお祭りが伝統行事として残っています。

枯れ枝に花と鈴を飾り、鈴を鳴らして、春を呼びます。

このお祭りは復活祭と連動しているため、毎年、日にちが

変動しますが、大寒の後からの1カ月内に行われます。

この季節には枝ものの花が咲いていないので、

枯れ枝に花を飾って部屋を飾る慣習もあります。

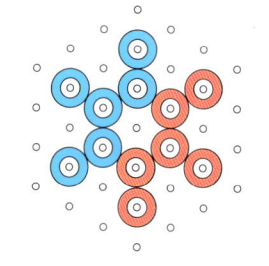

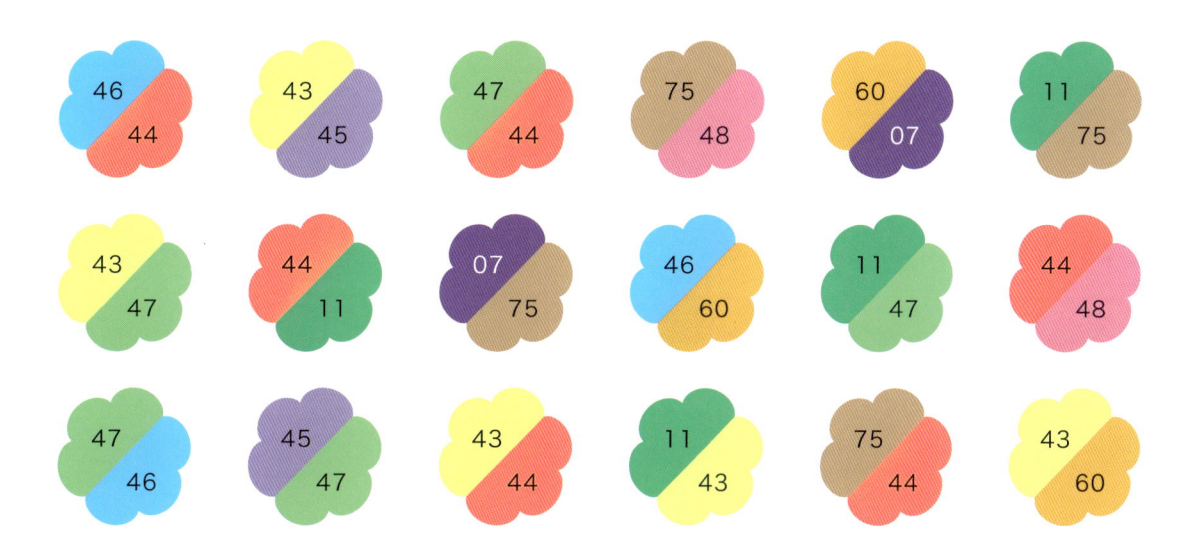

小さな花　SMÅ BLOMSTER

1. 差し込む枝の太さに合わせて、穴あけパンチで花の中心に穴をあけます。

2. 花の外側から中心の穴に向けて、はさみで切り込みを入れます。

3. 切り込みを利用して、枝に花を飾りましょう。

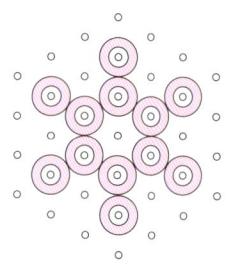

大きな花　STORE BLOMSTER

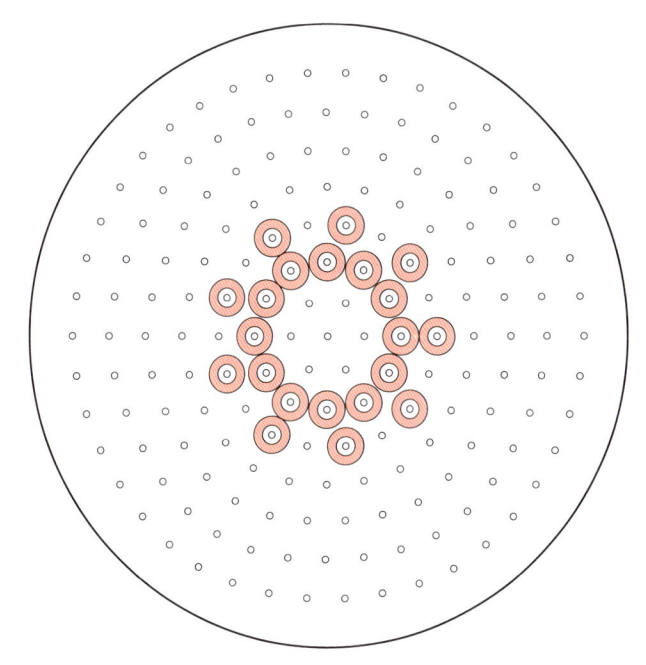

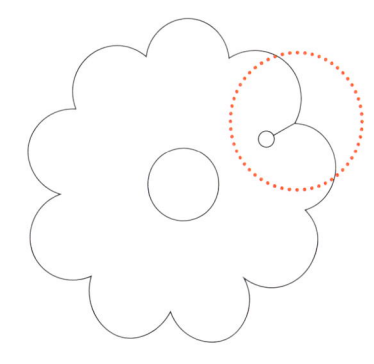

アイロンをあてると、中央に穴があく
形で成形されます。
上の図の小さな穴は、穴あけパンチで
作ります。

小さな穴までの切り込みはP.20の説
明を参考にしてください。

44　　　　　56　　　　　26　　　　　27

ツートンカラーの花　TOFARVEDE BLOMSTER

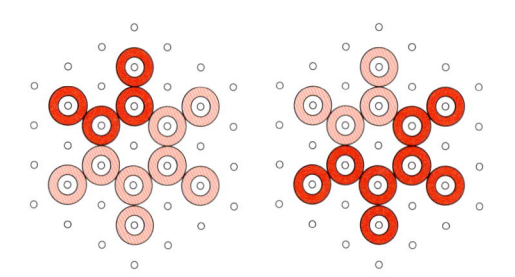

05　56

中央の穴のあけ方とそこまで
の切り込みはP.20を参照して
ください。

マツユキソウ(スノードロップ)

1.びっくり手紙（四つ折りにしたところ）
この状態で切り込みを入れて模様を作ります。マツユキソウを押し花にしています。訳者が1997年にもらったびっくり手紙です。

2.びっくり手紙（開いたところ）
きれいな模様が確認できます。

びっくり手紙　GÆKKEBREV

デンマークでは、復活祭の頃に「びっくり手紙」を大切な人に贈る習慣があります。
びっくり手紙は、紙をいくつかに折り、ハサミで切り抜いて左右対称の模様を作ります。
美しく切り抜かれた紙の一部に韻をふんだ短い詩を書き、差出人を点で表します。
差出人は、匿名が原則。ヒントとして点で名前の数を表します。パニラさんのデンマーク語表記はPernilleですが、この場合、・・・・・・・・と8個の点が並びます。
この手紙は、マツユキソウの咲く時期に春を迎える喜びとともにマツユキソウを添えて大切な人に差し出す手紙でした。愛を告白する手紙として使われていた歴史もあります。
春の到来を喜ぶ「びっくり手紙」は、今も子どもたちやその家族など、人々の間で親しまれている習慣です。

びっくり手紙・スクエア　GÆKKEBREV - FIRKANTET

あなたにわかってもらえるように
点で名前を記します。
ほら、誰だかわかるでしょう？
さぁ、わたしは誰でしょう？

46

びっくり手紙・エッグ　GÆKKEBREV - ÆGGEFORMET

小さなイースター鶏がやってきて
イースターエッグを産みました。
どこに産んだか知ってるよ。
どこに産んだか教えてくれたよ。

上を見て
下を見て
探してごらん。

家の外や家の中
小さなイースターエッグを
探してごらん。

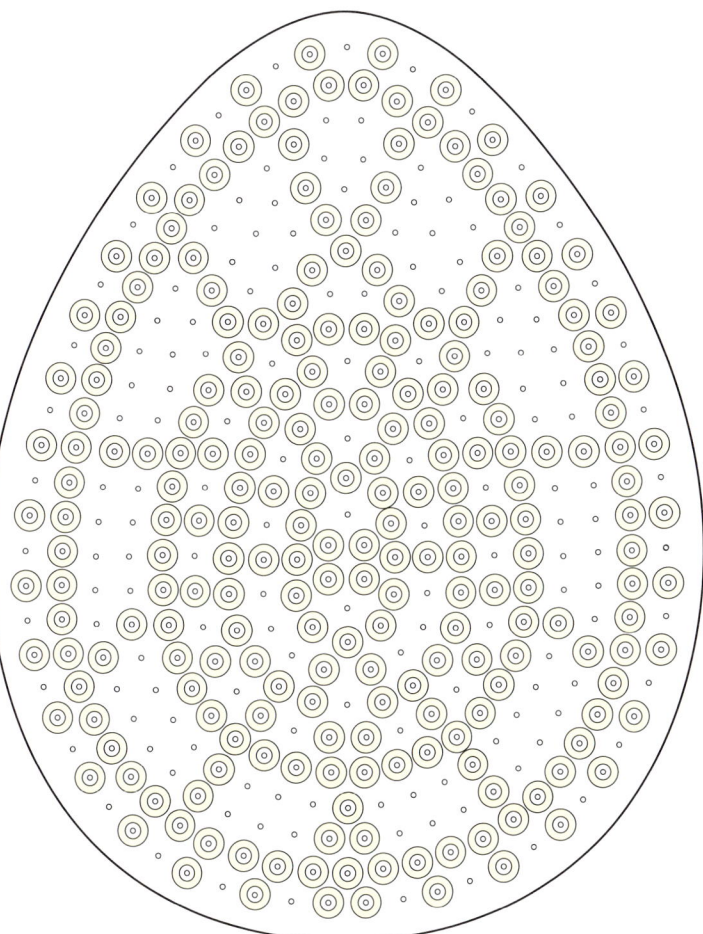

＜写真の中に書かれている手紙の訳＞
マツユキソウ
夏だまし
翼のない鳥
あなたを大切に思っている友だちより
心をこめたお便りです
名前は点で記しています
さぁ、わたしは誰でしょう？

油性ペンで手紙を書きましょう。最後に名前
を点で入れてください。間違ってしまったら、
消毒エタノールで消せますよ。

02　43

46　96

からん・ころん・からん

イースターうさぎのお越しかな？

これからやってくるのかな？

卵を持って来るのかな？

イースターエッグ、イースターエッグ

わくわくわく。

復活祭　PÅSKE

復活祭は、キリストの死と復活とを記念する日とされ、クリスマスに並ぶ宗教的な祭日として位置付けられていますが、北欧古来の光と春の女神を愛でる春分祭と融合したという説もあります。実際、北欧では「春のお姫さま」が光あふれる陽気にのって春を運んでくると言われています。厳しい冬が過ぎてゆき、再び春が巡ってきたことを喜び、その春の再来が命の復活を象徴しているという考え方です。切り絵や花、イースター・エッグなどを親しい人に贈ったり、家に飾ったりして、春が再び巡って来たことを喜び合います。

ツートンカラーエッグ・縁飾りつき　TOFARVEDE ÆG MED BLONDE

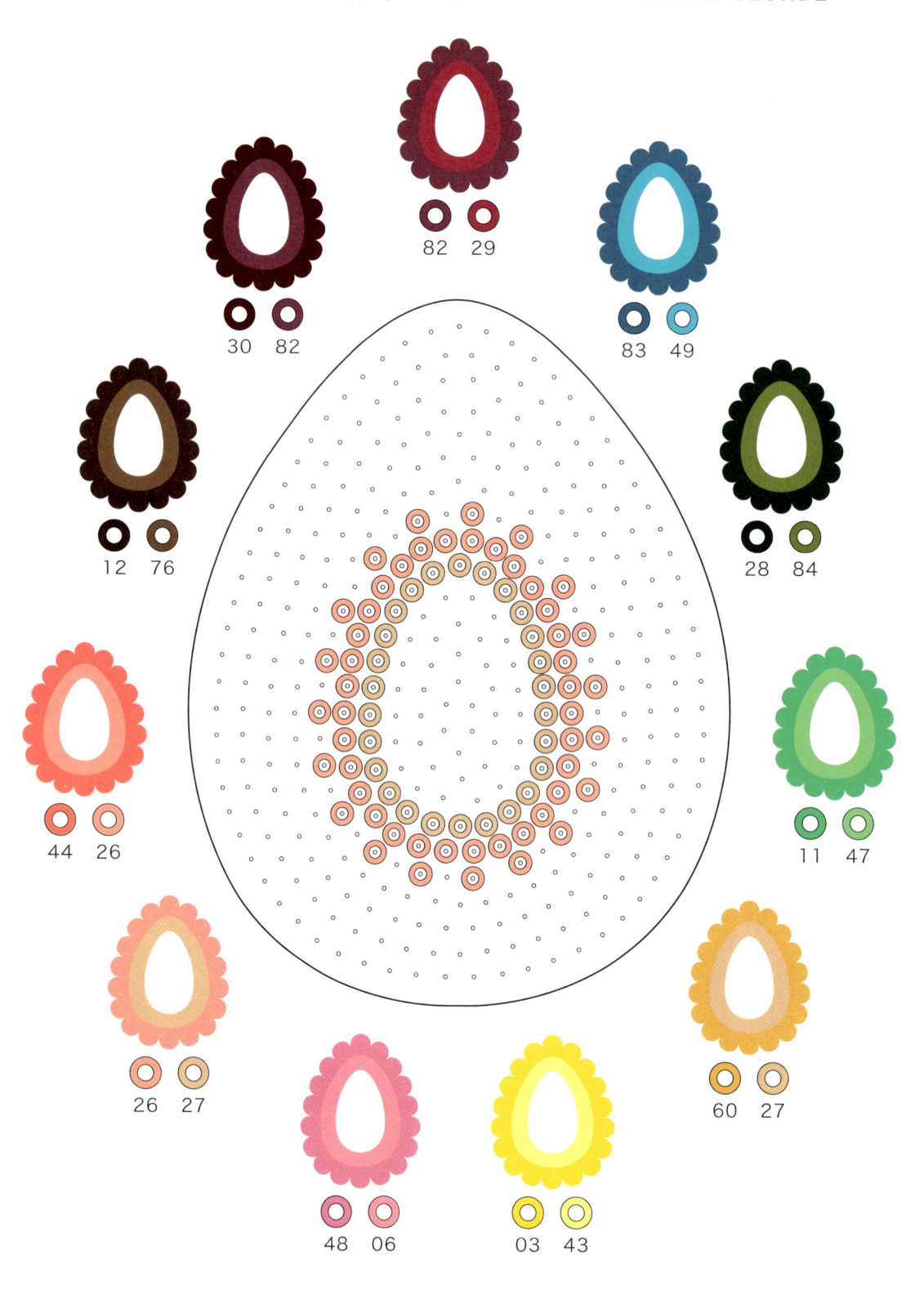

44	06	04	84	11	10

31	49	83	03	43	60	76	27	12

エルセ
ベルセ
おかしな卵
歌を歌いながら
ぐるぐる歩いたよ。
そして、卵を
一つ、二つともらったよ。
イースターうさぎがじっと見てたよ。
庭のたまご
だましたまご
傷んだたまご
道のたまご
鴨のたまご
男たまご
馬たまごに牧師たまご、
長い髭おじいさん
たまごの歌を歌うよ。

（復活祭にちなむ詩より）

レース模様の小さな卵　SMÅ BLONDEÆG

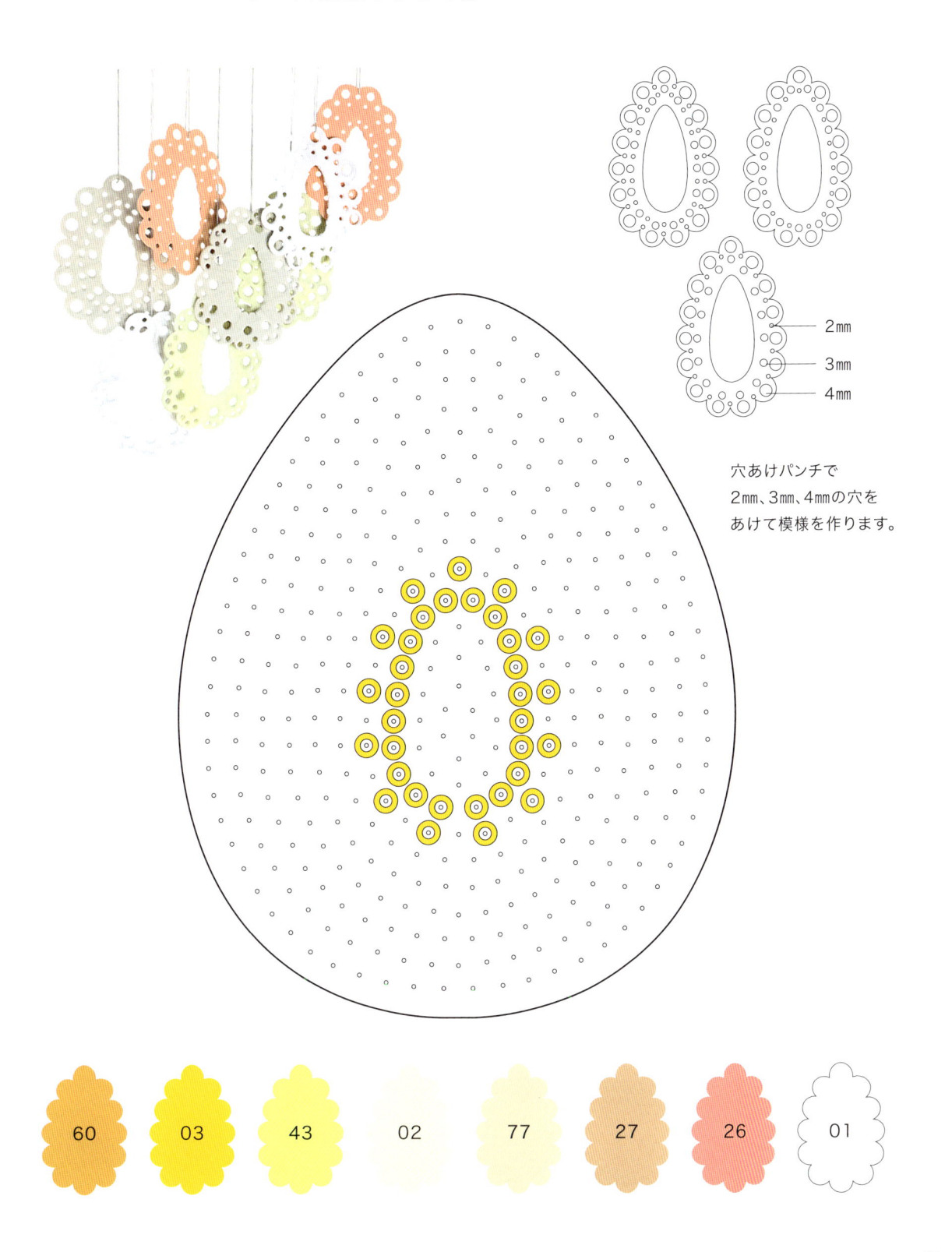

2mm
3mm
4mm

穴あけパンチで
2mm、3mm、4mmの穴を
あけて模様を作ります。

60	03	43	02	77	27	26	01

ここではヒュッゲのひとときを演出する
小物を紹介します。

レース飾り　BLONDEPYNT

ロマンチックな縁飾りをアイロンビーズで表現しました。

コースターとして、温かい飲みものにも冷たい飲みものにも使えます。

テーブルの上に飾りとして散りばめても素敵ですね。

おうちの雰囲気に合った色でお作りください。

プレゼントの飾りにも窓辺を飾るデコレーションにしても素敵ですよ。

レース飾り　BLONDEPYNT 1

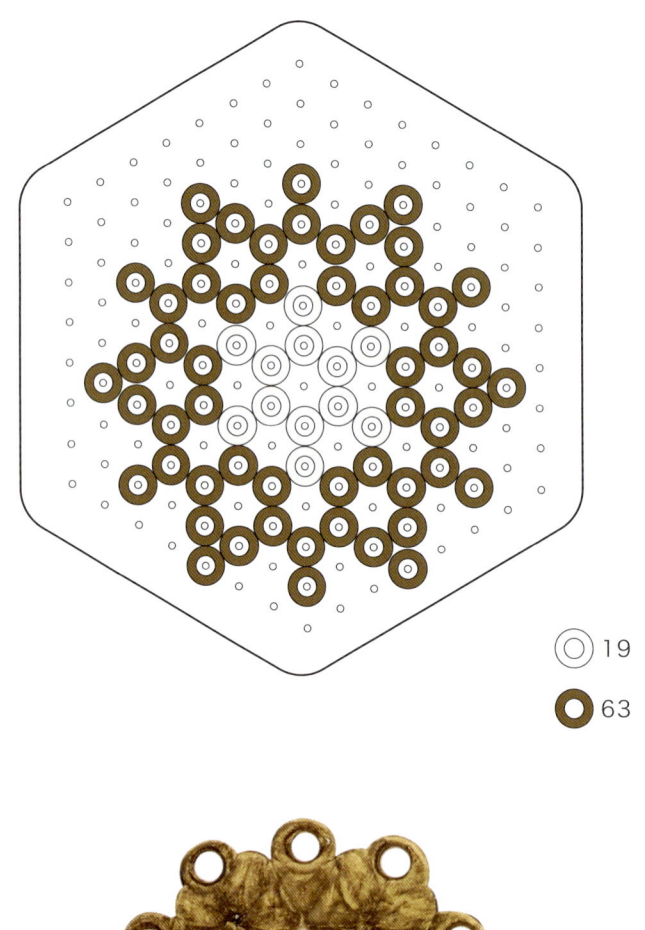

◎ 19

● 63

穴あけパンチで4.5mmの穴をあけて模様を作ります。

レース飾り　BLONDEPYNT 2

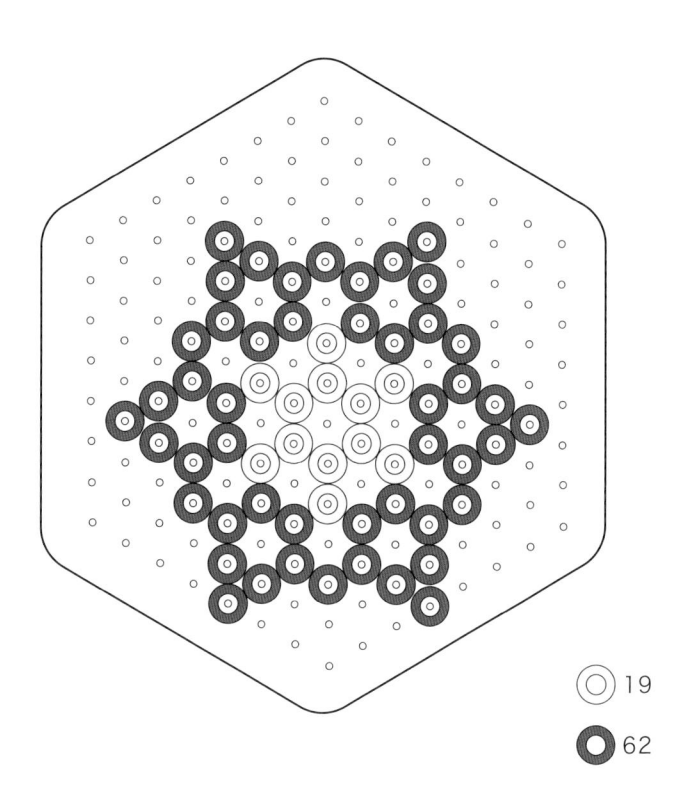

◎ 19

◉ 62

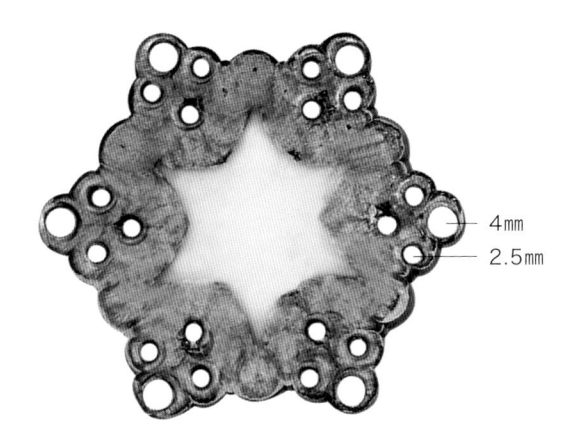

4㎜
2.5㎜

穴あけパンチで2.5㎜と4㎜の穴をあけて模様を作ります。

レース飾り　BLONDEPYNT 3

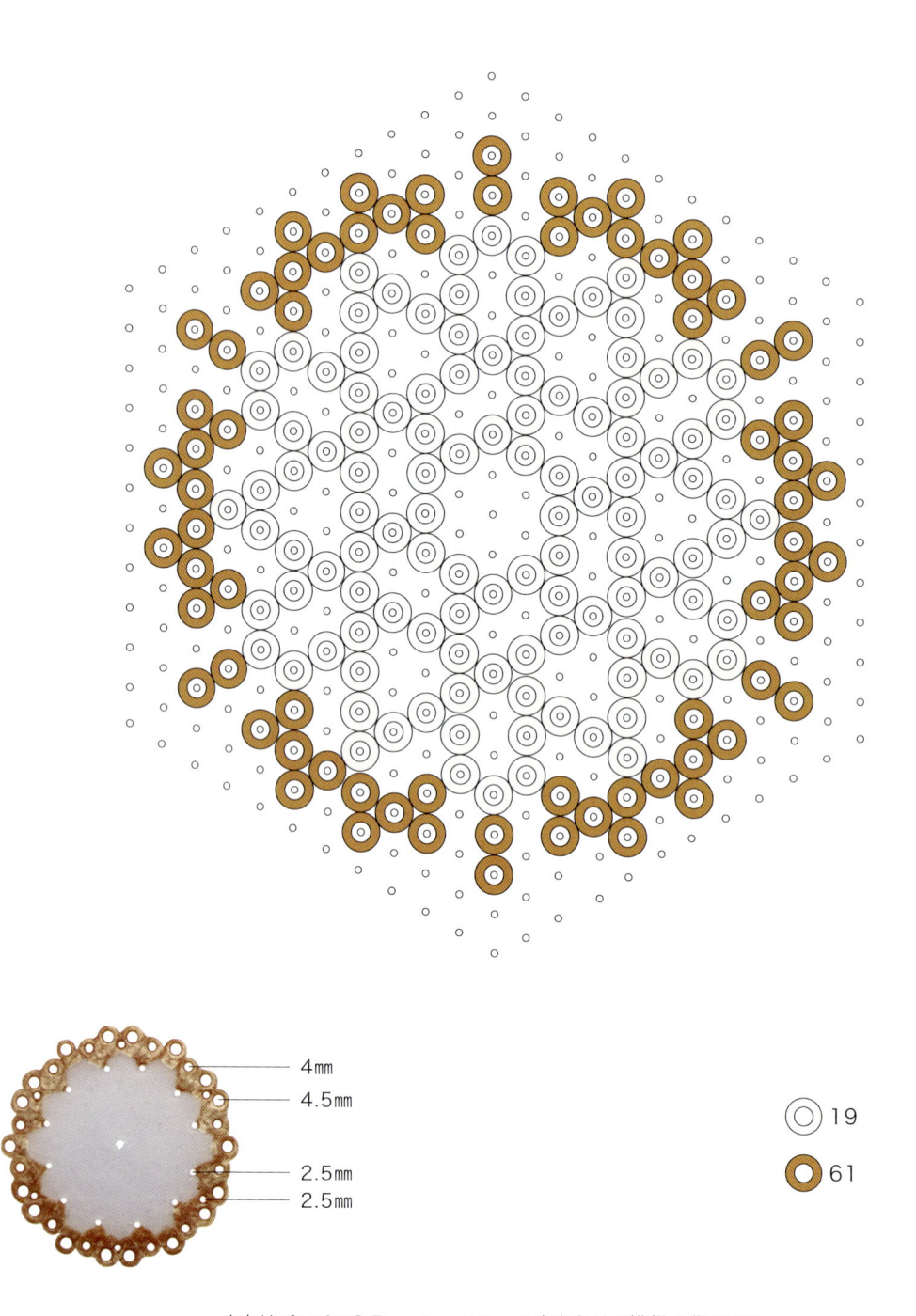

4㎜
4.5㎜

2.5㎜
2.5㎜

○ 19

◎ 61

穴あけパンチで2.5㎜、4㎜、4.5㎜の穴をあけて模様を作ります。

レース飾り　BLONDEPYNT 4

4mm

2mm

3.5mm

◎ 19

● 63

穴あけパンチで2mm、3.5mm、4mmの穴をあけて模様を作ります。

デンマーク国旗のガーランド

DANNEBROG GUIRLANDE

デンマークの人々は、お祝いの時にはいつも国旗を飾ります。

祝日や祝賀行事、そして誕生日でも国旗をたくさん飾ります。

サッカーなどの国際試合の応援観戦にも国旗が欠かせません。

1.先の国家元首マルグレーテ2世女王陛下の誕生日を祝して国会議事堂に飾られた国旗
2.ナショナルチームの応援を終えて帰途につく人々
3.誕生日には国旗を飾って祝う

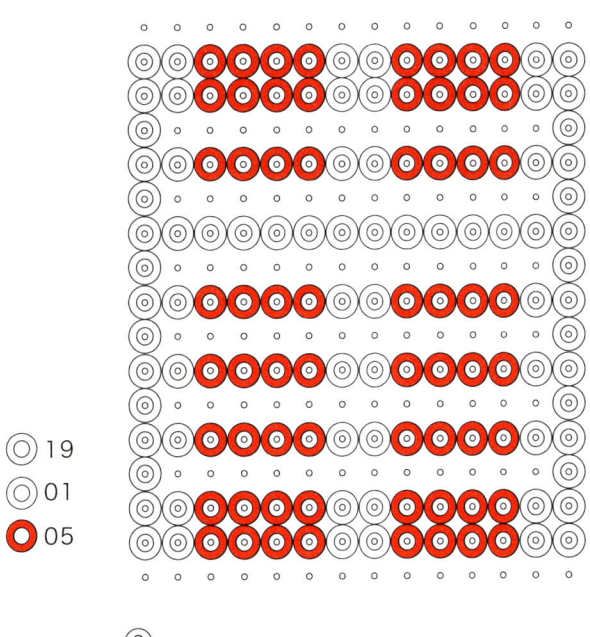

◎ 19
○ 01
◉ 05

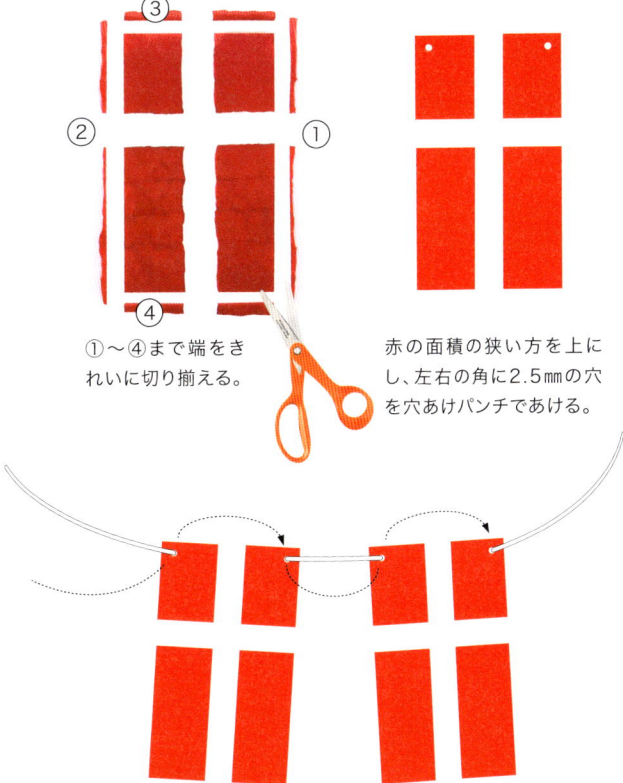

①〜④まで端をきれいに切り揃える。

赤の面積の狭い方を上にし、左右の角に2.5㎜の穴を穴あけパンチであける。

1. 直径1㎜のワックスコードを用意し、旗の一番端に「もやい結び（キングオブノット）」を作ります。
2. 糸を左の穴から奥に向かって通します。
3. 右の穴から手前に出し、もやい結びをします。
4. 好みの間隔をあけて、もやい結びを行い、2と3の工程を繰り返します。

花のれん　BLOMSTER I SNOR

花の型は13ページを参照してください。
作り方とつなぎ方は、P.92、93でご案内しています。

バッチにもなります。

花のれんが飾られたワークショップ

ハート飾り　HJERTEVARME

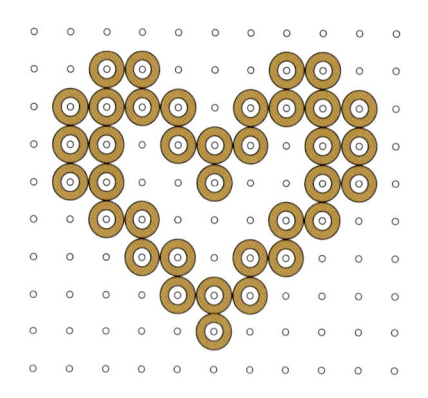

1. アイロンビーズをボードに並べます。

2. アイロンをあてて成形します。

3. 型紙に合わせてカットします。

型紙

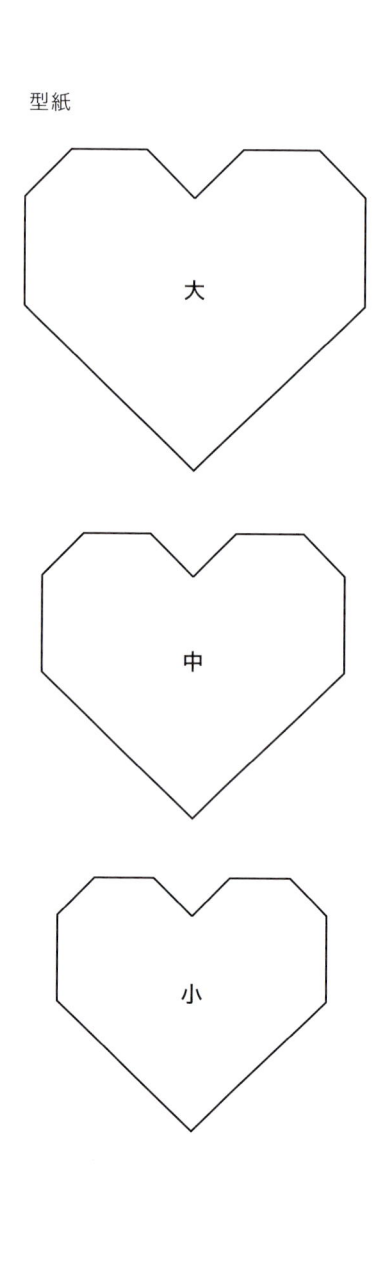

大

中

小

穴の位置で作品の表情が変わりますよ。

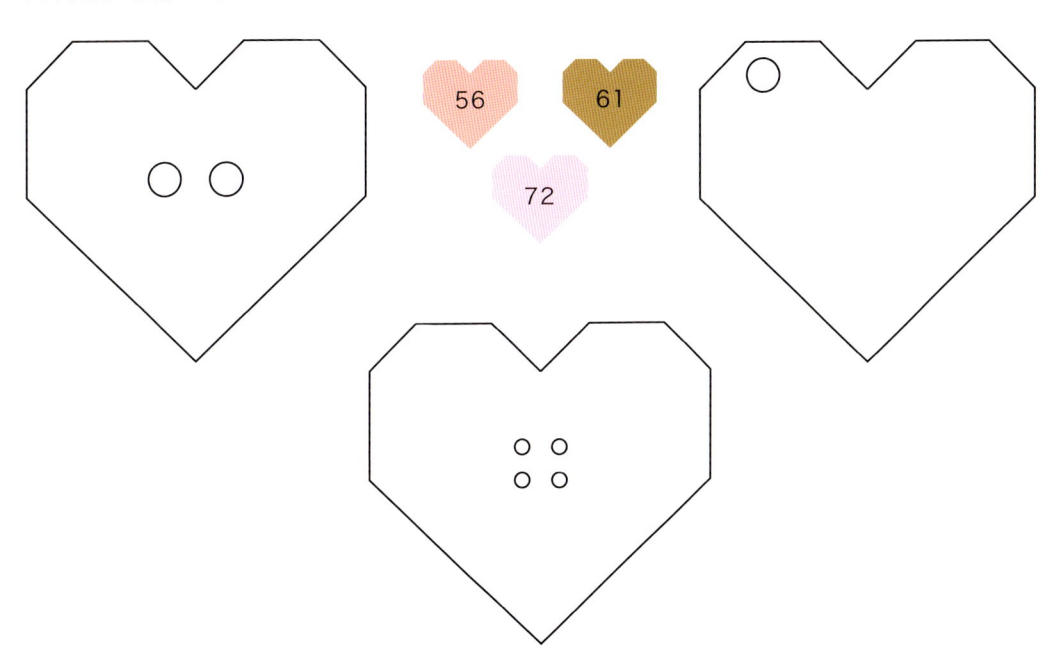

星のかけら　STJERNEDRYS

冬が近づくと

星が近くに見える。

わたしたちには

どんなかたちか想像するだけ

何光年も遠くにあるのだもの。

空のかなたに見えるのは星のかけら。

〈パニラさんからの一言〉
私にとっての星のかけらは、暗い冬の灯りの象徴です。
凍てつく日が続くと、あたり一面に真っ白な雪や霜の世界
が広がります。
そこに太陽の光が刺すと、雪や霜が、まるでおとぎ話の水
晶のように美しくきらきらと輝くのです。

ここでは、アイロンビーズ・マジックによる星のかけらで
詩的に枝やテーブルを飾りました。
リビングで星のかけらが美しく輝く瞬間を
お楽しみくださいね。

星のかけら　STJERNEDRYS

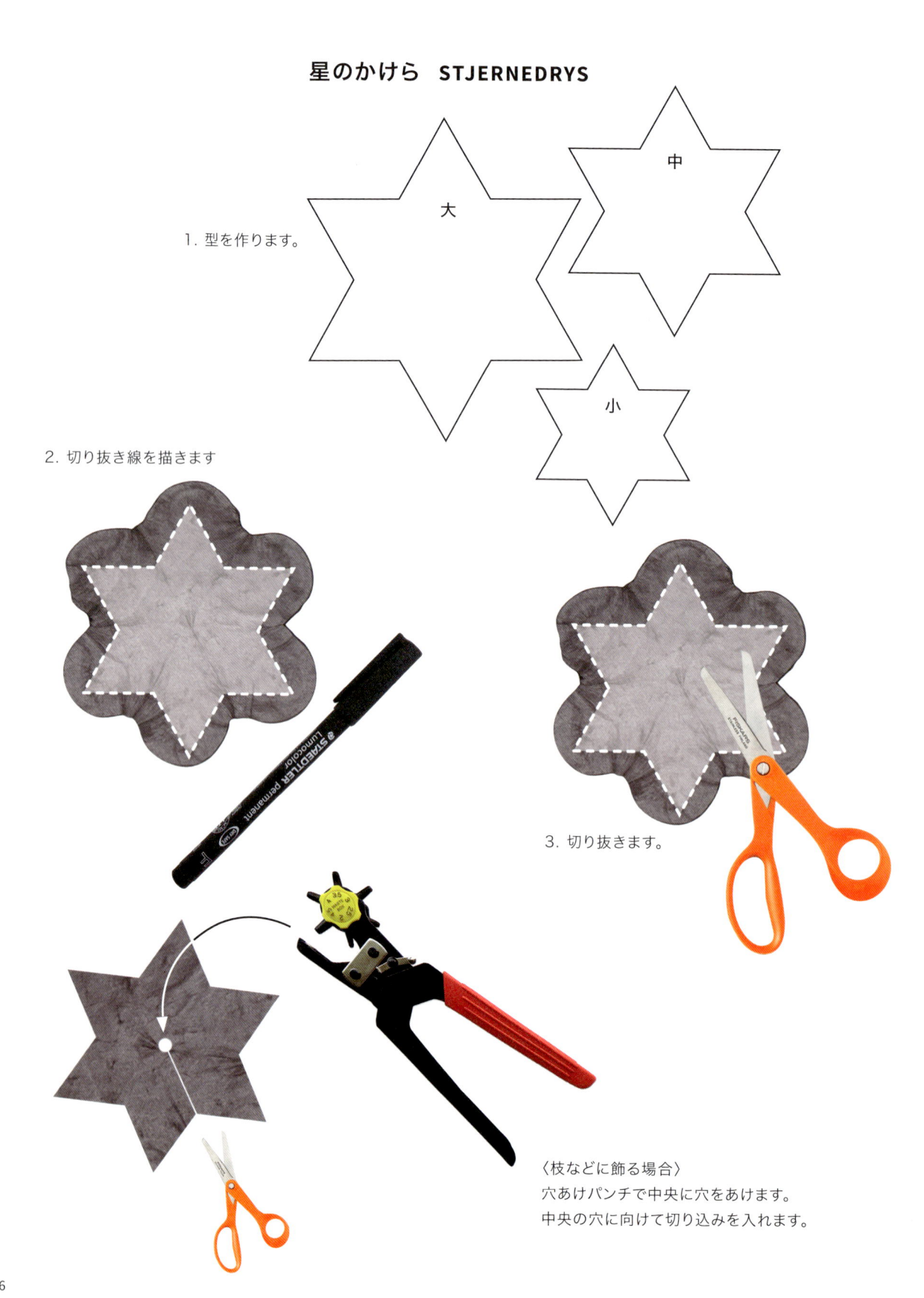

1. 型を作ります。

大

中

小

2. 切り抜き線を描きます

3. 切り抜きます。

〈枝などに飾る場合〉
穴あけパンチで中央に穴をあけます。
中央の穴に向けて切り込みを入れます。

46

星のかけら　STJERNEDRYS

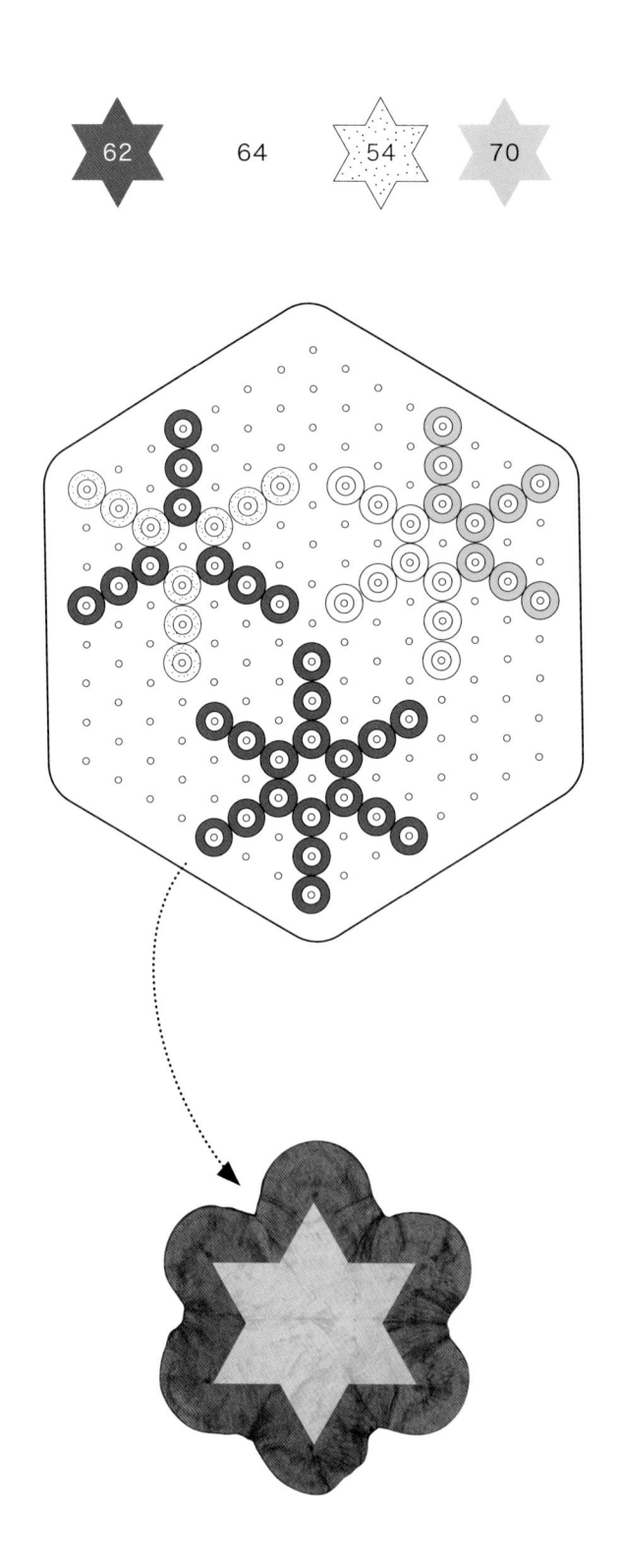

62　64　54　70

大

中

小

クリスマスローズ　JULEROSER

クリスマスを象徴する赤に加えてク
リーム色とパウダーピンクのバリ
エーションを作りました。アイロン
ビーズ・マジックによるクリスマス
ローズをお楽しみくださいね。

02　26

05　61　84

クリスマスローズはクリスマスの頃に咲く
花です。聖母マリアがキリスト誕生を祝って
飾った花として伝えられています。

きらきら星　GLIMTENDE STJERNER

きらきら星　GLIMTENDE STJERNER

中央の穴は、
穴あけパンチ4.5㎜であけます。

中央の穴は、
穴あけパンチ4.5㎜であけます。

大きなきらきら星は、
アイロンをあてると中央に
穴があく形で成形されます。

星の周辺の飾り穴には、穴あけパンチ2㎜を使います。

アイロンビーズを刺繍糸で飾ります。
ここでは、DMCライトエフェクト糸を使っています。
6本撚りを3本ずつに分けて刺繍をしましょう。

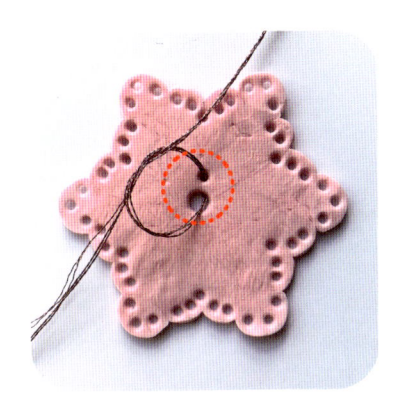

1. 穴あけパンチ2mmで中央の穴の側に小さな穴をあけます。この穴と中央の穴に糸を通して固結びにします。

2. 星の周辺に作った穴の1つに、糸を表から入れます。

3. 糸を下から中央の穴に入れて表に出し、2で入れた穴の隣の穴に表から糸を入れます。糸を下から中央の穴に入れて表に出し、次の穴に表から糸を入れます。順々に星の周辺に作った穴に入れていき、穴がなくなるまで繰り返します。

4. 中央の穴の側に作った小さな穴に糸を表から入れます。

5. 中央の穴付近に集まっている糸の裏にぐるっと糸を一周させ、糸を切ります。

ここで使った糸番号と商品名

DMC ライトエフェクト糸

E 317	メタリックスチール
E 316	メタリックヘザー
E 168	メタリックタウンマウスグレイ

氷晶　ISKRYSTALLER

氷晶は、氷の結晶。

デンマーク語では「氷のクリスタル」と呼びます。

「氷の花」と呼ぶ人もいます。

デンマークでは、「氷晶」のモチーフを「大寒」の頃に使います。

「大寒」の頃は、寒さをとても厳しく感じる時期です。

冬至以降、日照時間が少しずつ長くなり、

セツブンソウやマツユキソウなどの

春を真っ先に告げる小さな花が咲くのはこの頃。

しかし、本格的な春が到来する5月は、まだまだ先です。

「氷晶」を窓やキッチンカウンターに飾り、

厳しい冬を美しいモチーフで楽しみます。

氷晶 ISKRYSTAL **1**

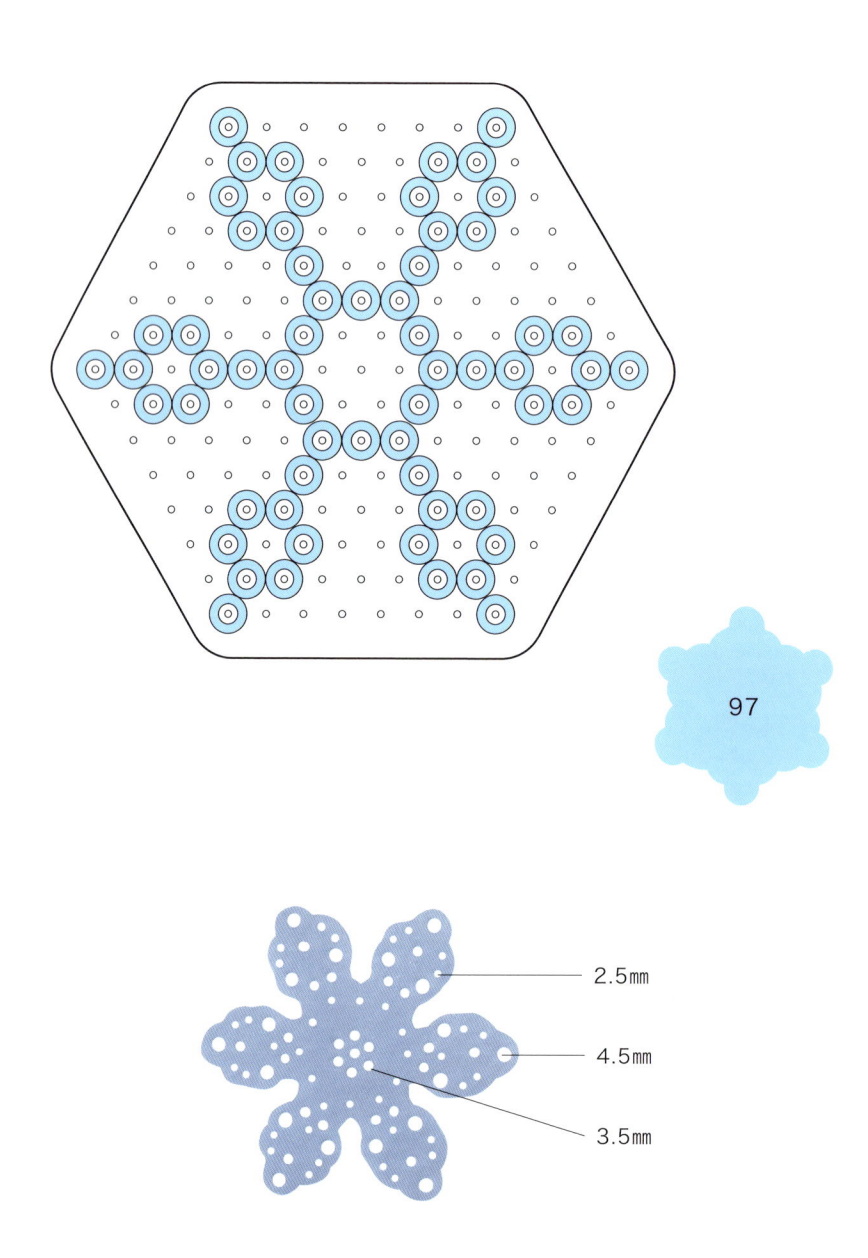

97

穴あけパンチで2.5㎜、3.5㎜、4.5㎜の穴をあけて模様を作ります。

氷晶 ISKRYSTAL **2**

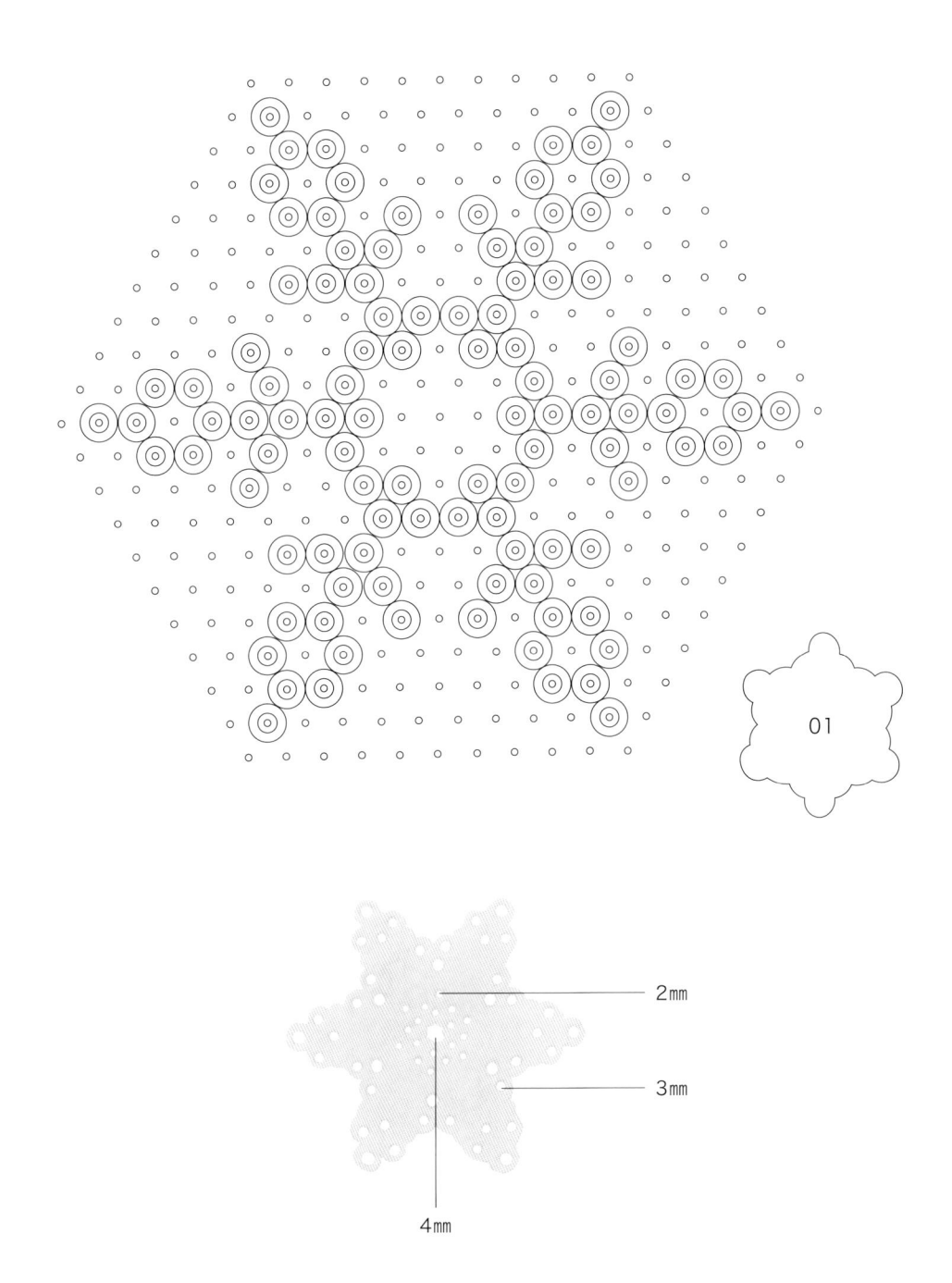

01

2㎜

3㎜

4㎜

穴あけパンチで2㎜、3㎜、4㎜の穴をあけて模様を作ります。

氷晶 ISKRYSTAL **3**

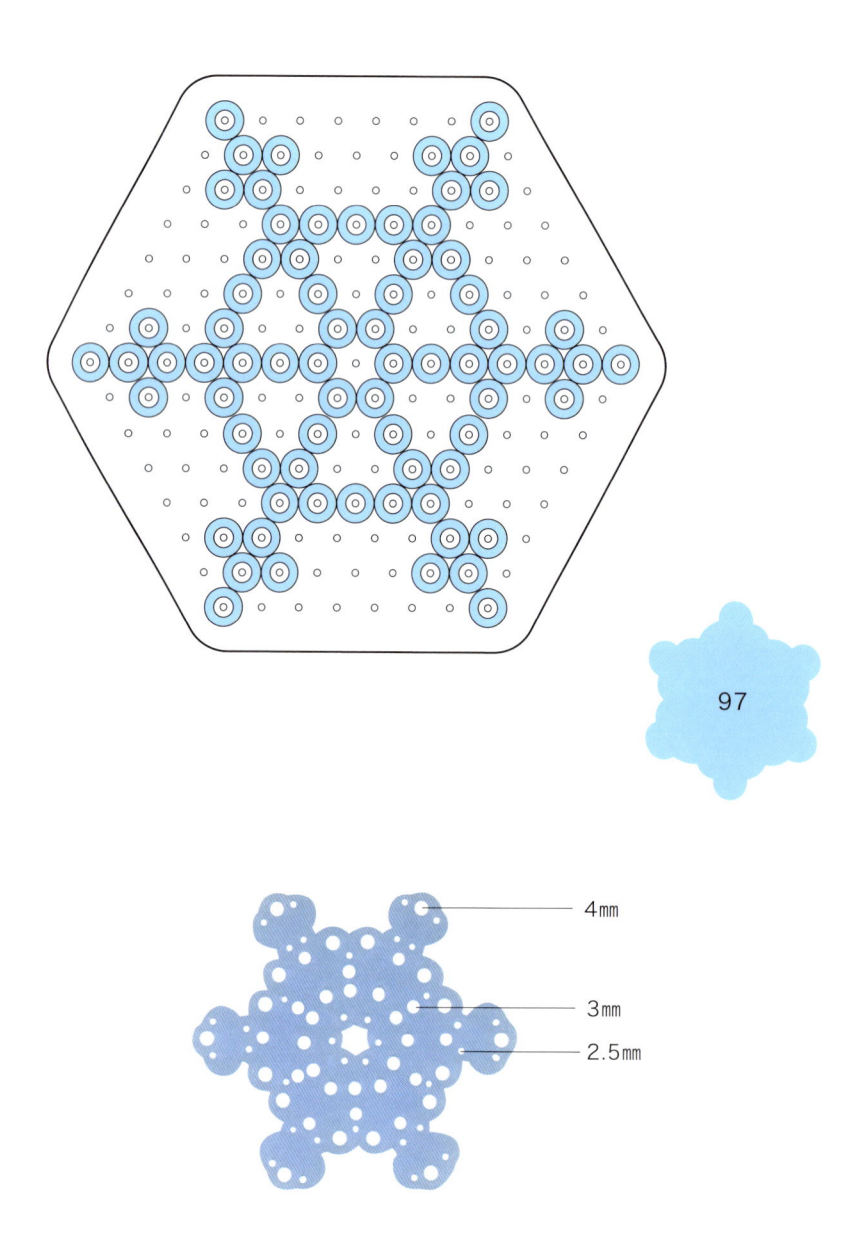

97

4mm

3mm

2.5mm

穴あけパンチで2.5mm、3mm、4mmの穴をあけて模様を作ります。

氷晶　ISKRYSTAL **4**

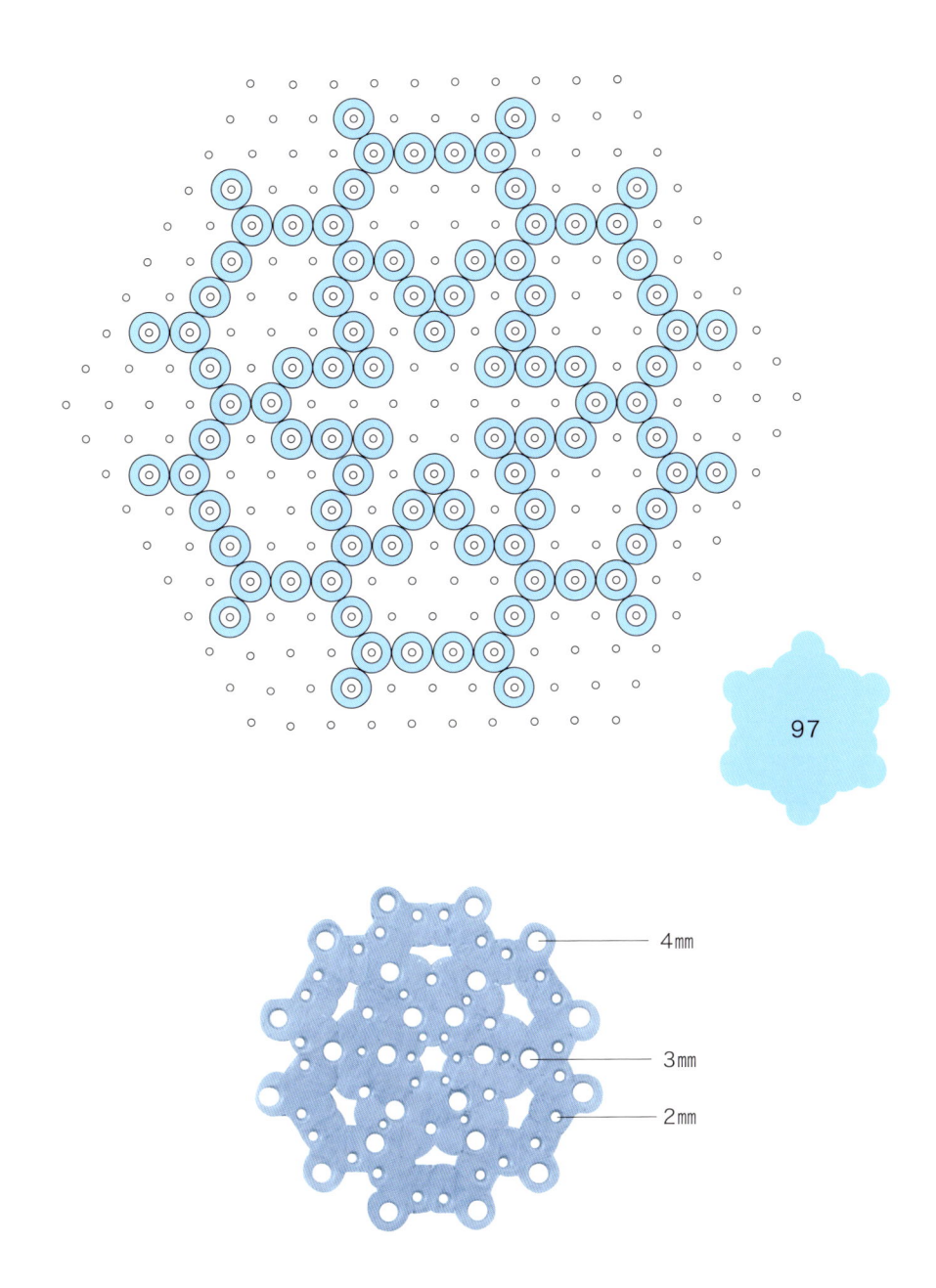

97

4㎜

3㎜

2㎜

穴あけパンチで2㎜、3㎜、4㎜の穴をあけて模様を作ります。

アクセサリー SMYKKER

ここから、身につけて楽しむアクセサリー類をご紹介します。

ハートのフープピアス
HJERTE HOOPS

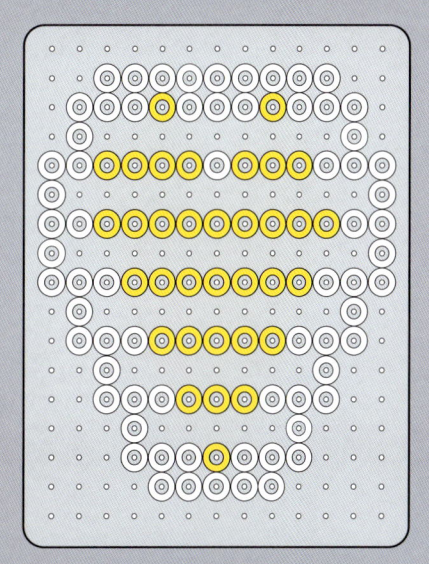

03　19

0.25㎝のミニビーズを使います。

アップサイクル・アクセサリー　PLETTER I LUFTEN

丸カンと
アクセサリー用の留め金で
つなぎます。

ネックレスとしても
使えますよ。

使い古しや失敗した作品をアップサイクルして、
素敵なアクセサリーを作りましょう。

色を混ぜる方法は、
79ページでもご覧いただけます。
丸型を抜く時は、69ページを参照して、
パンチングマットをお使いください。

アップサイクル・ネックレス　PLETTER I LUFTEN-HALSKÆDER

使い古しや失敗したアイロンビーズをアップサイクルして素敵な
ネックレスを作りましょう。

ネックレスのつなぎ方は、91ページをご覧ください。

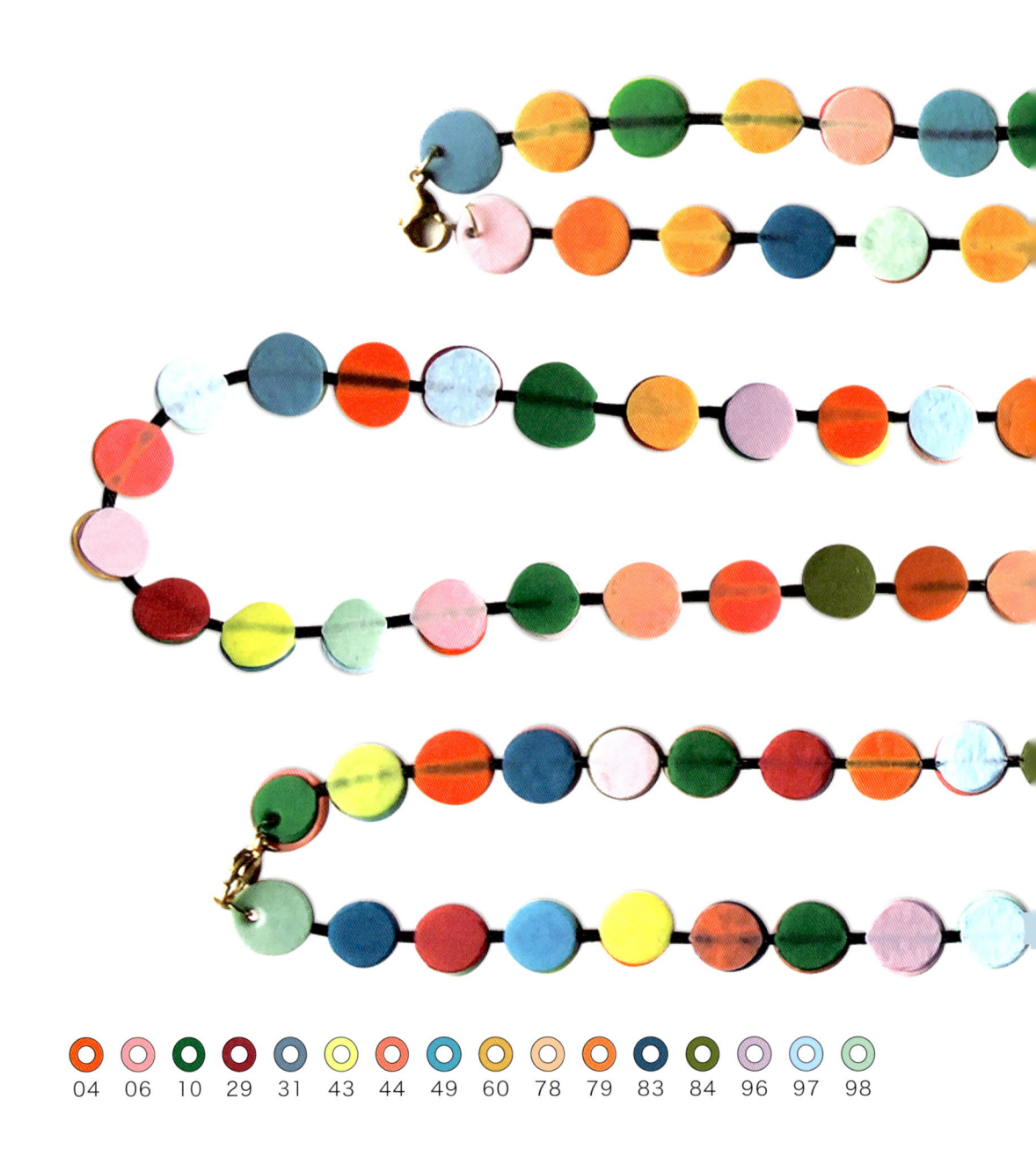

04　06　10　29　31　43　44　49　60　78　79　83　84　96　97　98

ブレスレットとしても使えます。

アイロンビーズ・マジック ドット模様の作り方　TEKNIK MED PLETTER

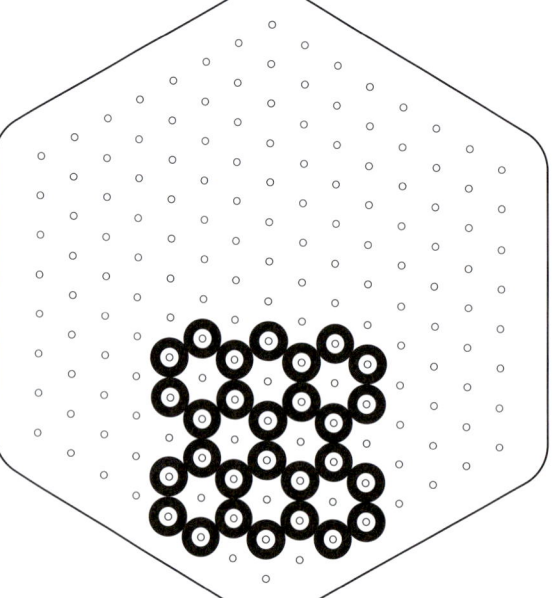

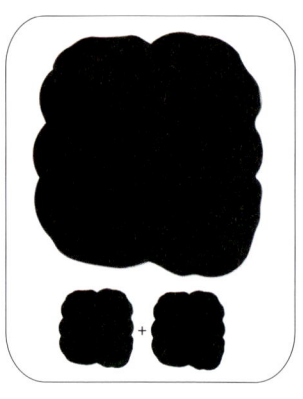

1. 図のようにアイロンビーズを並べ、アイロンをあててプレートを作ります。

- アイロンをあてた後のビーズのムラは、おもしろい表情になります。
- 厚めの作品を作りたい場合は、このプレートを2枚重ねるとよいでしょう。

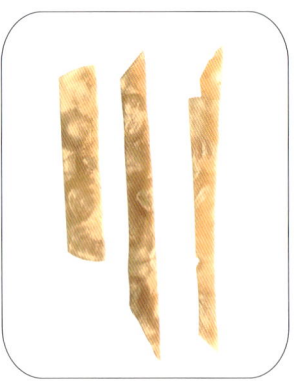

2. ゴールドで薄いプレートを作り、帯状にカットします。
使い古しのアイロンビーズも使えます。

3. クッキングシートのような厚さになるまでアイロンをあてます。

4. 穴あけパンチで2mmの穴をあけ、小さなドットをたくさん作ります。

5. ピンセットで台になるプレートにドットをランダムに置き、平らになるまでアイロンをあてます。

6.ドット模様のプレートが
　できあがりました。

7.ドット模様のプレートから丸形
　を抜きます。

＜フープピアスに仕上げるためには＞
2mmの穴を開け、ピアスの金具をつけ
ます。

ハトメ抜で型を抜くときには、ゴムハンマーとパンチングマットを使いましょう。

幾何学模様のフープピアス　HOOPS MED GEOMETRISKE MØNSTER

0.25㎝のミニビーズを使います。

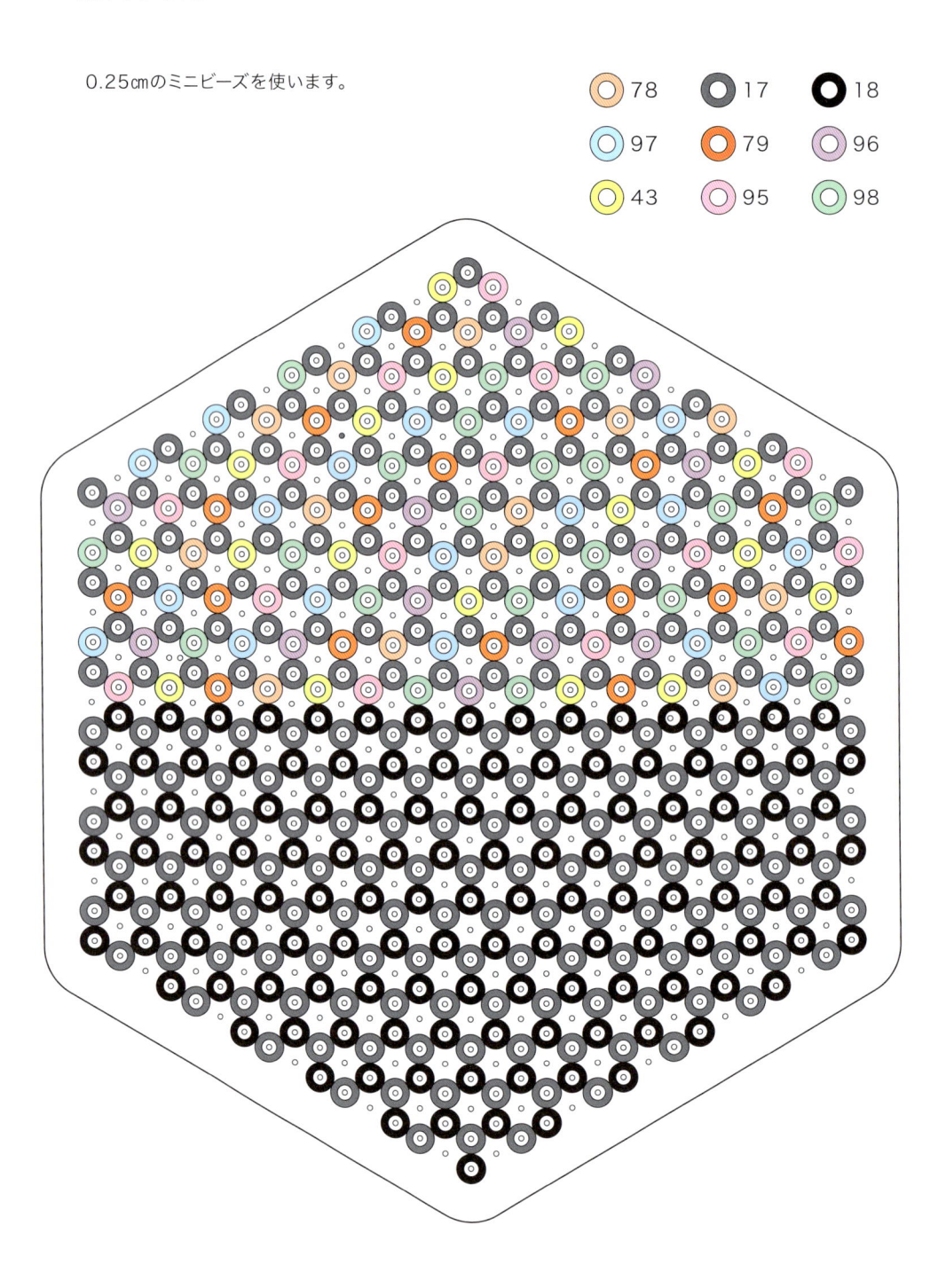

柄に沿って、はさみで図のように切り抜きます。

穴あけパンチで2mmの穴をあけ、幾何学模様の
パーツを丸カンでつなげます。

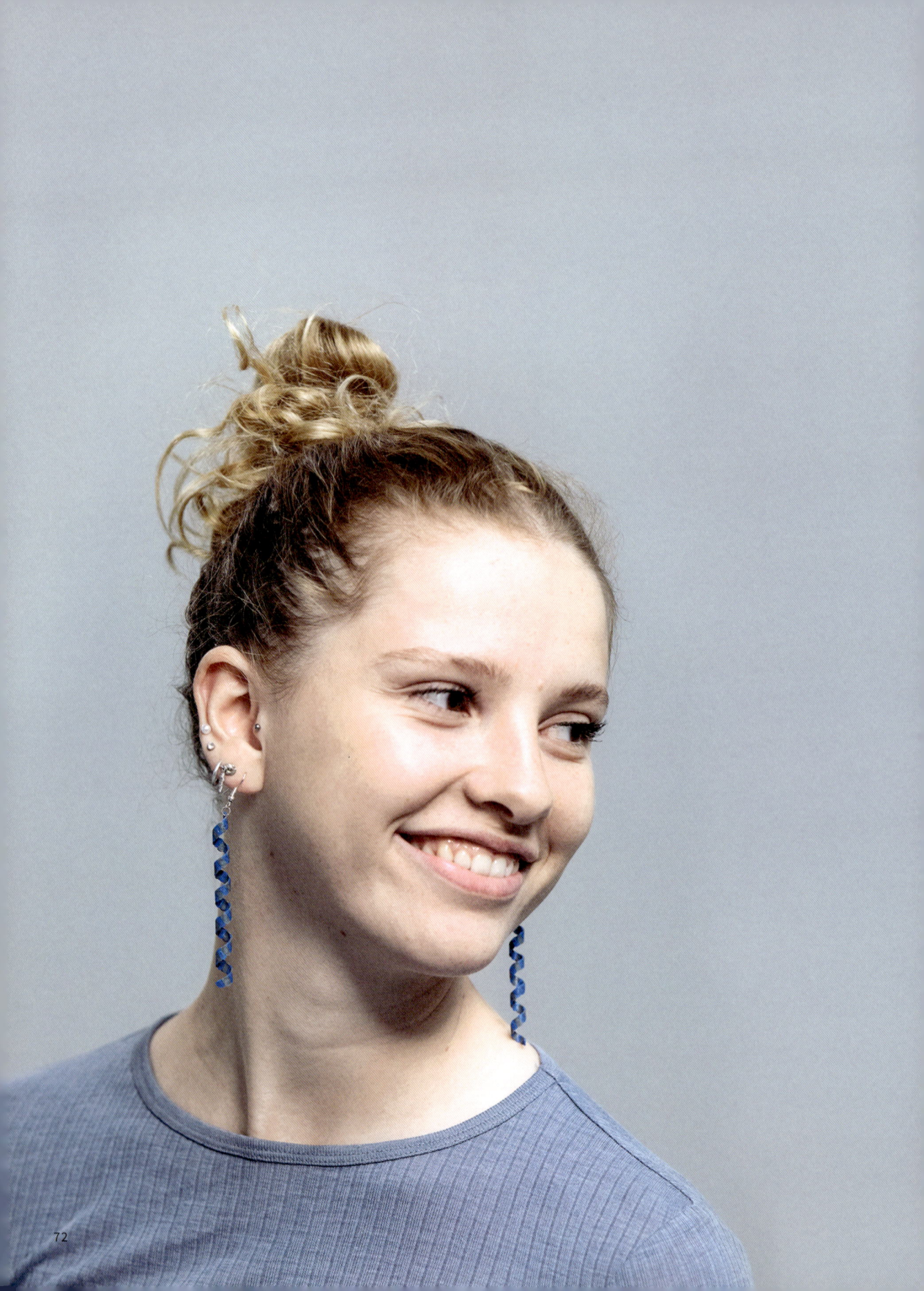

螺旋ピアス　PAPILOTTER

このピアス成形には、コツがあります。
何度か練習してくださいね。
0.25㎝のミニビーズを使います。

○ 19	● 29
○ 77	● 44
○ 02	● 79
● 18	○ 43
● 08	● 11
○ 97	○ 47
○ 96	● 84
○ 95	

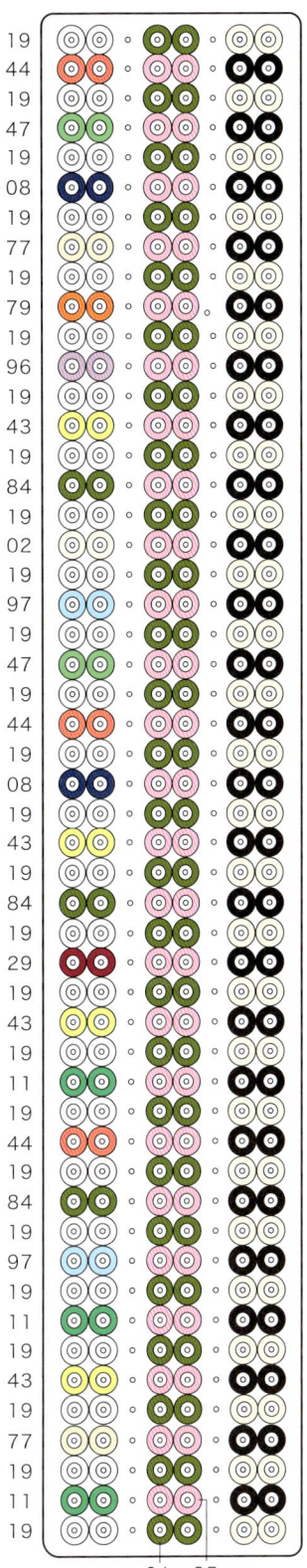

螺旋ピアス　PAPILOTTER

0.25㎝のミニビーズを使います。
螺旋ピアスを作るためには、木製の丸い棒が必要になります。
竹製の編み針5号などが使えます。

金属製を使うと熱を持ったアイロンビーズが金属に
くっついてしまい、抜けなくなります。

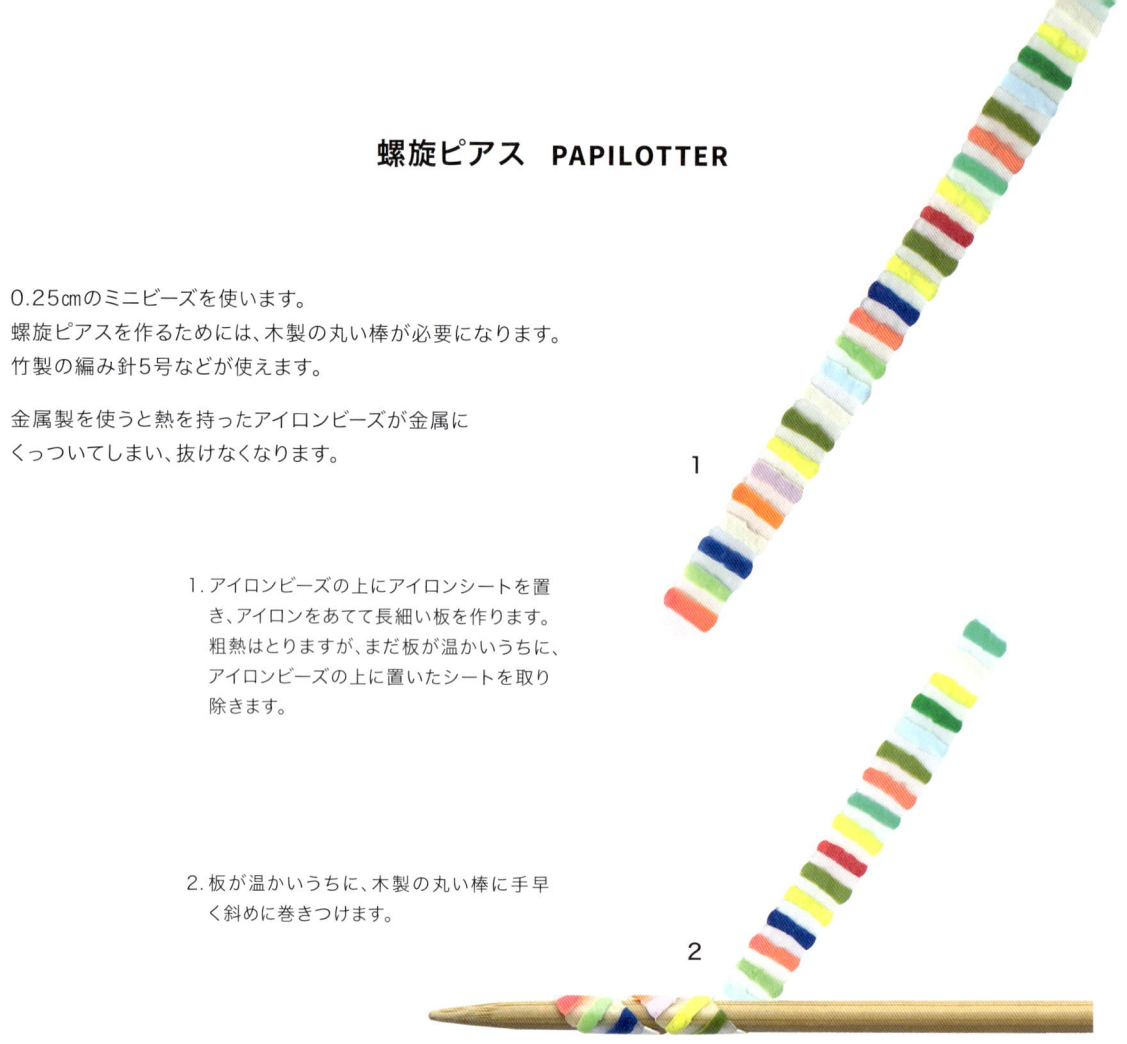

1

1.アイロンビーズの上にアイロンシートを置
き、アイロンをあてて長細い板を作ります。
粗熱はとりますが、まだ板が温かいうちに、
アイロンビーズの上に置いたシートを取り
除きます。

2.板が温かいうちに、木製の丸い棒に手早
く斜めに巻きつけます。

2

3.巻き終えた板が完全に冷めてから、芯にな
る丸い棒を取り除きます。

3

4.はさみで、縦に半分に切ります。金具をつ
けて、できあがりです。

4

淡雪　SNEFNUG

はかない淡雪をイメージしてデザインしました。

色は太陽の光が反射したときの雪の色です。

目を薄くして降り積もる雪を眺めると、

雪のひとひらがぼんやりとした斑点に見えます。

その斑点をモチーフにして、

ブレスレットやネックレスに仕上げました。

色の組み合わせ方　FARVEKOMBINATIONER

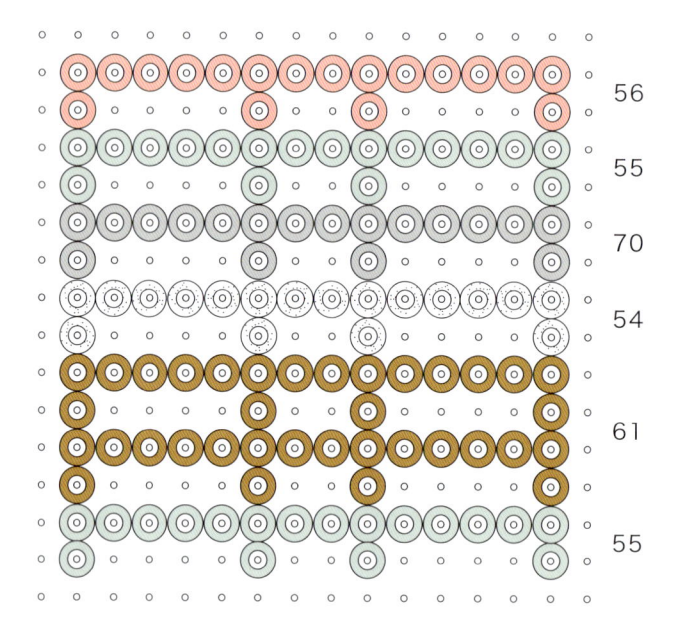

56

55

70

54

61

55

ハトメ抜で好みの柄に抜きます。

○ 56

○ 54

○ 61

外側のネックレスは、丸型に2mmの穴を開けて、小さな丸カンでつないでいます。
内側のネックレスは、ハトメ抜でくり抜いた丸型のアイロンビーズとネックレスチェーンをアイロンでつないでいます。
詳しいつなぎ方は、91ページを参照してください。

 54　　⬤ 61

◯ 55　　◯ 72

◯ 70

ネックレスチェーンにハトメ抜でくり抜いた丸型を置き、
アイロンをあてて、丸型とチェーンを一体化させます。
詳しいつなぎ方は、91ページを参照してください。

ピアス　ØRERINGE

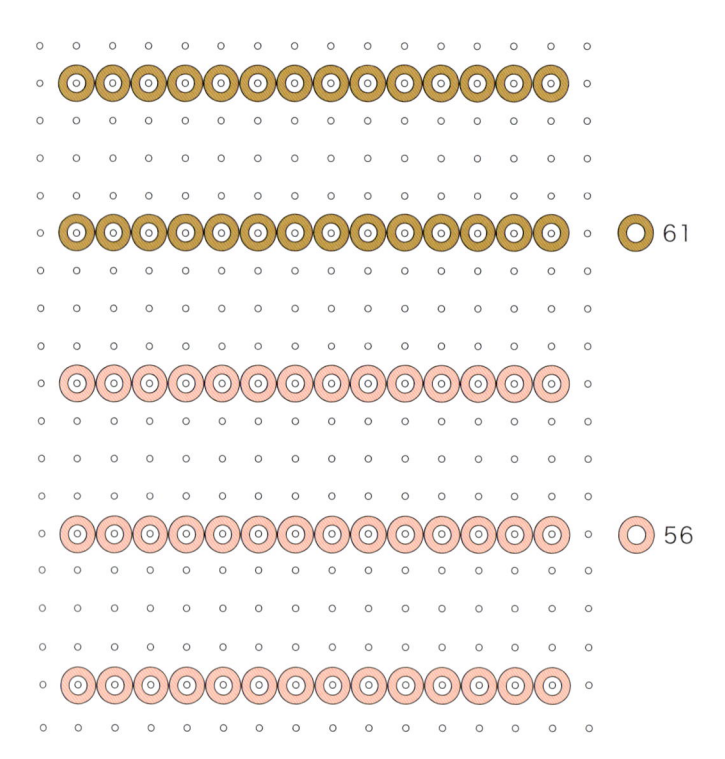

61

56

1. アイロンビーズを上記のように並べて、アイロンをあてます。
2. ハトメ抜で好みの大きさに丸く抜きます。ここでは、直径9mmで抜いています。
3. それぞれに穴あけパンチで2mmの穴を2つ開けます。
4. 丸カンで右写真のようにつないで、左右それぞれに11本のパーツを作ります。
5. ピアスリングにまとめてつけます。

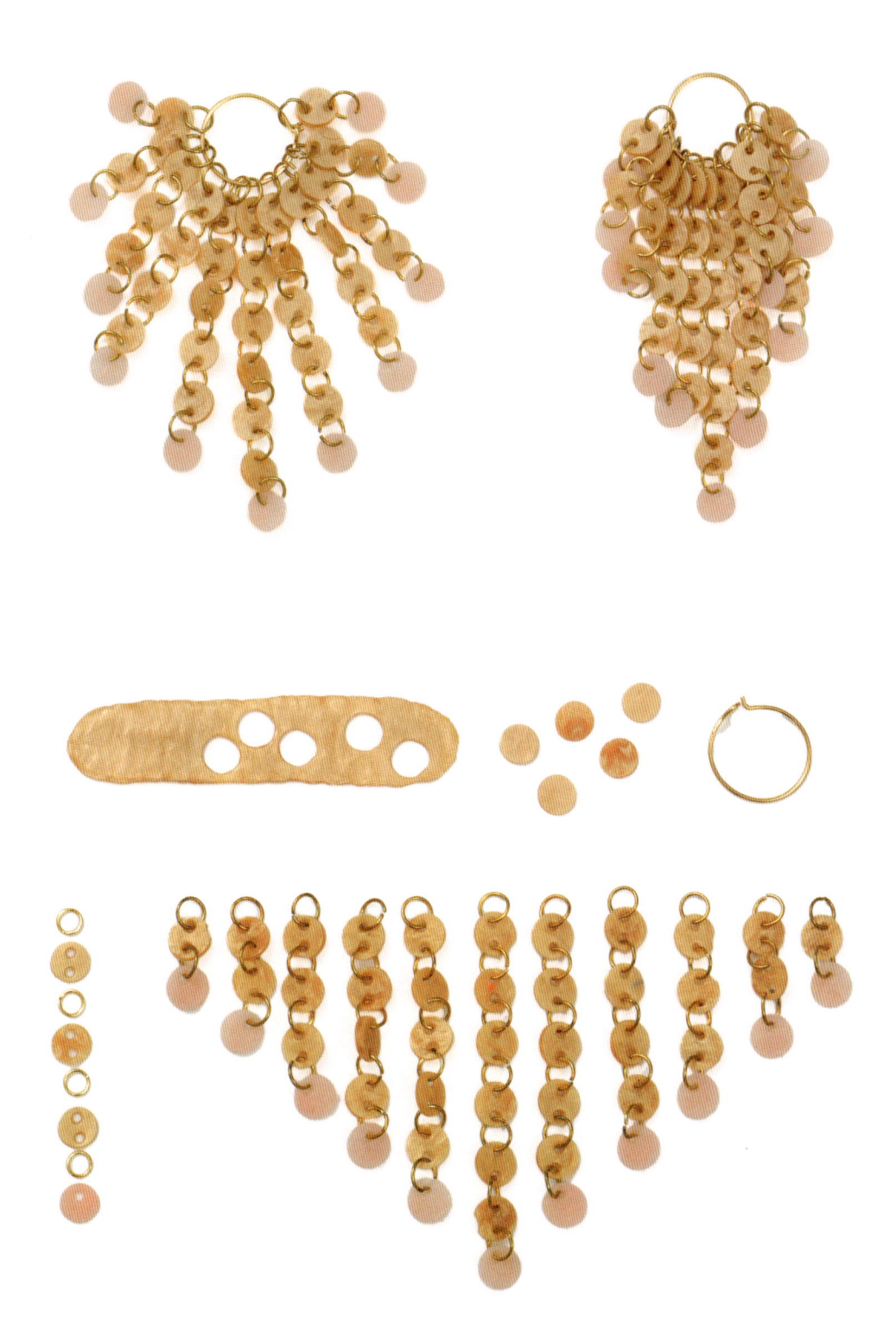

アイロンビーズ・マジックで使う材料・道具・作り方

アイロンビーズ

パニラさんは、デザイン大国デンマークで誕生したハマビーズを使っています。
豊富で美しい色彩が特徴のアイロンビーズです。

この本では、直径0.5cmの「ハマビーズ」と直径0.25cmの「ミニビーズ」を使っています。
＊ は直径0.5mmの「ハマビーズ」のみ
色番号は、メーカーによる色番号に準じて記載しています。

ハマビーズは、日本の販売店である株式会社ボーネルンドで取り扱っています。

株式会社ボーネルンド
フリーダイヤル　0120-358-518
（月〜金 10:00〜17:00）
www.bornelund.co.jp

1	2

3	4	5	6	7	8	10	11
12	17	18	19	26	27	28	29
30	31	43	44	45	46	47	48
49	54*	55*	56*	60	61	62	63
64	70	71	72	75	77	78	79
82	83	84	95	96	97	98	101

アイロンビーズ用ボード

この本で使っているボードを紹介します。
ボードにアイロンビーズを並べた後、アイロンをあてて成形します。

222
ハマビーズ ボードS マル

223
ハマビーズ ボードS 六角形

234
ハマビーズ ボードLツナガル正方形

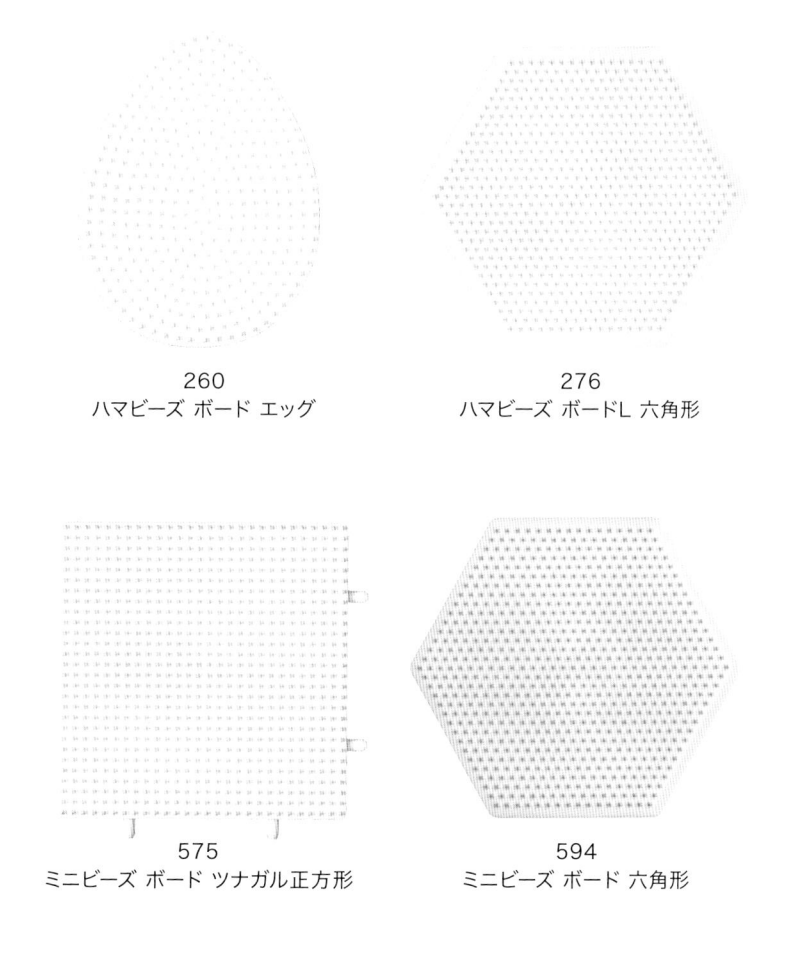

260
ハマビーズ ボード エッグ

276
ハマビーズ ボードL 六角形

575
ミニビーズ ボード ツナガル正方形

594
ミニビーズ ボード 六角形

この本で使う基本の道具

まな板（耐熱性のもの）

まな板は、木製など耐熱性のものをクッキングペーパーなどで包んで使います。

重石

はさみ

回転式穴あけパンチ

アイロン

油性ペン　　ピンセット

クランクヘラなど小さな部分を平らに押さえることができる道具

アイロンペーパー

目的に応じて必要な道具

＜チボリ＞のページ

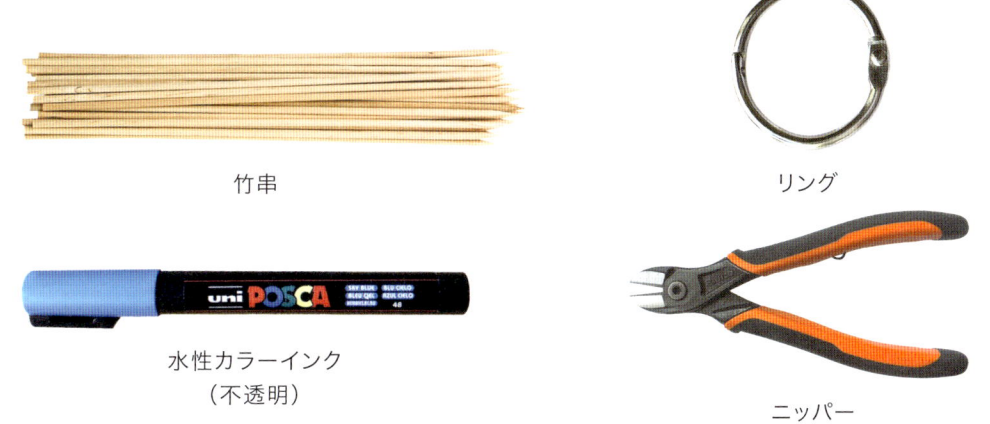

竹串

リング

水性カラーインク
（不透明）

ニッパー

＜アクセサリー＞のページ

ハトメ抜
7mm、11mm、14mm

ゴムハンマー

パンチングマット

穴あけパンチ
（小さい丸先1mm）

ラジオペンチ

フープピアス

丸カン

ネックレスチェーン

ワックスコード（直径1mm）

アイロンビーズ・マジック　基本の作り方

すべての作品に共通する基本の作り方です。
アイロンビーズ用のボードを使う場合は、中温でアイロンをあてます※。
ボードを使わない時は、高温でアイロンをあてましょう。

1. 必要なビーズをボードに並べます。図案の上に透明ボードを置くこともできます。

2. アイロンペーパーの上から、中温でアイロンをあてます。

3. アイロンビーズが溶けてつながるのを確認します。

4. 重石をしてアイロンビーズを冷ましながら固定させます。

5. ボードからアイロンビーズを外し、アイロンペーパーで上下を覆います。

6. アイロンペーパーの上から、**高温**で、アイロンをあてます。

7. 上下を返して、アイロンをあてます。

8. 重石をして、アイロンビーズを冷ましながら固定させます。

9. できあがり。

※ ボードを使った成形の際に高温のアイロンを使う場合は、3〜5秒を目安にしてください。中温は140〜160℃、高温は160〜210℃が目安となります。
　 高温で長くアイロンをあてると、ボードのピンの先端が溶けてしまう恐れがあります。
　 お子様が小さいうちは、大人がアイロンを担当してください。デンマークでは、9歳までは大人にアイロンをあててもらってください、とお伝えしています。

アイロンビーズ・マジック　カラフルドットの作り方

  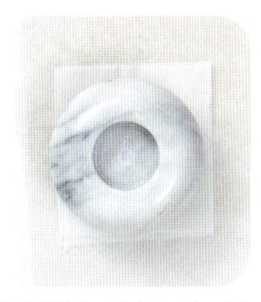 

1. アイロンペーパーの上にアイロンビーズをおきます。
アイロンビーズがお互いにくっつかないように間隔を保ちましょう。

2. アイロンビーズの上に別のアイロンペーパーをのせて、アイロンをあてます。

3. 重石をしてアイロンビーズを冷ましながら固定させます。

4. 穴が完全につぶれていない状態のものを用意します。

アイロンビーズ・マジック　カラフルドットのつなぎ方

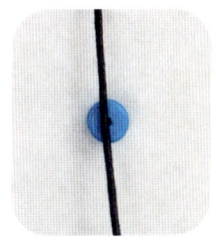 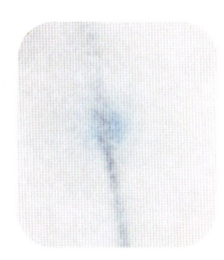  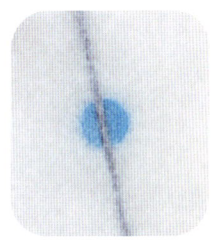 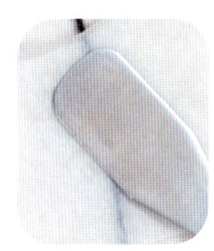

1. カラフルドットの上にワックスコードを置きます。

2. アイロンペーパーを重ねます。

3. アイロンペーパーの上から、高温でアイロンをあてます。

4. アイロンを外します。

5. クランクヘラなどでアイロンビーズを冷ましながら固定させます。

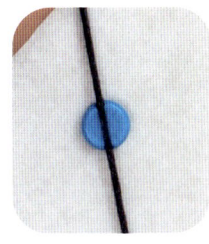 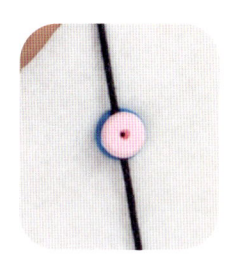  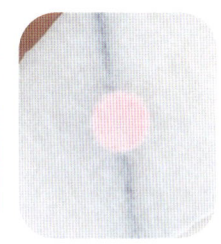 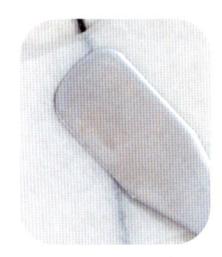

6. カラフルドットがワックスコードにつきました。

7. コードの上に別色のドットを重なるように置きます。

8. アイロンペーパーの上から、アイロンをあてます。

9. アイロンを外します。

10. アイロンビーズを冷ましながら固定させます。

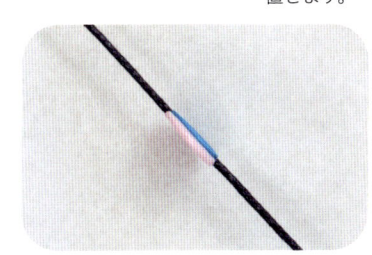 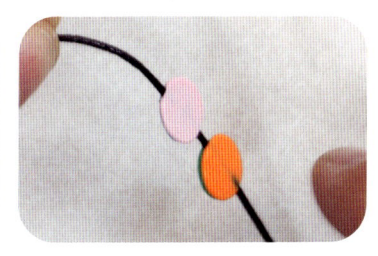 

11. 糸とつながったカラフルビーズを側面からみたところ。

12. ワックスコード上に間隔を置き、次の位置にカラフルビーズを置きます。

13. 1〜10までの工程を繰り返します。

アイロンビーズ・マジック 花のれんの作り方

1. 必要なビーズをボードに並べます。図案の上に透明ボードを置くこともできます。

2. アイロンペーパーの上から、中温でアイロンをあてます。

3. 重石をしてアイロンビーズを冷ましながら固定させます。

4. ボードからアイロンビーズを外し、アイロンペーパーで上下を覆います。

5. アイロンペーパーの上から、両面に高温でアイロンをあてます。2.5〜3㎜の高さになります。

6. 重石をして、アイロンビーズを冷ましながら固定させます。

7. アイロンビーズの穴が完全にふさがっていない状態で、次の工程に進みます。

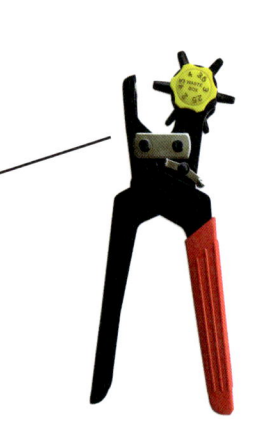

8. 穴あけパンチで2.5㎜の穴をあけます。

  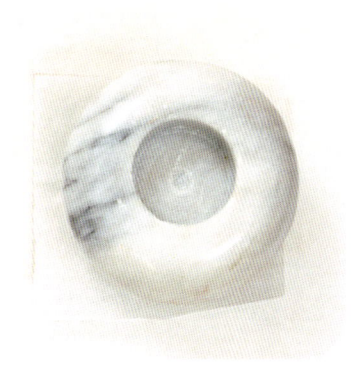

9. ワックスコードを花にあけた穴に通しながら、3cmの間隔で花をつなげます。

10. アイロンペーパーの上から、高温でアイロンをあてます。

11. 重石をして、アイロンビーズを冷ましながら固定させます。

12. アイロンペーパーをずらします。

13. 次の花にアイロンをあてます。

14. すべての花が糸とつながります。

15. できあがり。

アイロンビーズ・マジックと向き合うことに深い理解を示し、惜しみない協力してくれている夫に感謝の意を表します。アイロンビーズ・マジックの誕生は、二人の息子とアイロンビーズで遊んだひとときがきっかけとなっています。この意義あるひとときを一緒に過ごした息子たちにもありがとうを伝えます。美しい写真を撮ってくれた写真家ヨーナス・ノーマン、ヤン・オースター、ステファン・カムラー各氏にも心からの謝意を表します。この本を出版してくださった誠文堂新光社、そして、美しい装丁を手掛けてくださったデザイナーの木村愛さんにも深くお礼を申し上げます。最後に、アイロンビーズ・マジック親善大使として、その魅力を伝えてくれ、この本が仕上がるまでの工程をきめ細やかに支援してくれたくらもとさちこさんに心からの謝意を表します。

ワークショップでの光景。子どもだけでなく、大人も楽しめるワークショップが魅力的。

パニラさんの愛犬ディアク。障がいを持つ犬で足に車輪をつけている。

パニラさんとアイロンビーズ・マジック
PERNILLE OG PERLEMAGI

わたしはモードデザイナーとして、さまざまな形のアクセサリーをデザインし、その商品開発に携わってきました。

アクセサリーを細部まで美しくデザインすることが大好きなのですが、アクセサリーを纏うことが、人柄や人生を語る要素になることに惹かれています。

アイロンをあてたアイロンビーズは、頑丈で柔軟な素材に変貌します。壊れることなく、曲げたり捻ったりできる機能は、アクセサリーをデザインする上で理想的だと思っています。

アイロンビーズが、大人も楽しめるアクセサリーの素材として輝くのは「アイロンビーズ・マジック」があってこそ。ぜひ習得してくださいね。

パニラ・フィスカー Pernille Fisker　　　https://www.perlemagi.dk

手仕事デザイナー。
デンマーク王国コリング市在住。
デザインスクール・コリング（Designskolen Kolding）卒業。
母校で縫製技術とアパレル生産に関する講義や技術指導に携わった後、デザイナーとして独立。
アクセサリーや暮らしを楽しむ小物のデザインを手がける。
現在は、アイロンビーズや毛糸などの身近な素材を使ったワークショップで活躍中。
手仕事の楽しさを伝え、創造性を育む仕事を展開している。
建築家の夫と障がいを持つ犬と一緒に暮らしている。
成人した息子二人の母でもある。

協力	株式会社ボーネルンド
資材提供	マルタハニング社　Malte Haaning Plastic A/S
撮影	Pernille Fisker（パニラ・フィスカー）、Jonas Normann（ヨーナス・ノーマン）、Jan Oster（ヤン・オースター）、Steffen Kammler（ステファン・カムラー）
装丁・デザイン	木村 愛
翻訳・解説・編集	くらもと さちこ

子どもも大人も楽しめる イヤリング、ブレスレットからオーナメントまで

パニラ・フィスカーのアイロンビーズ・マジック

2024年9月19日　発　行　　　　　　　　　　　　　　　　　　NDC594

著　　　者	パニラ・フィスカー
翻　　　訳	くらもとさちこ
発　行　者	小川雄一
発　行　所	株式会社 誠文堂新光社
	〒113-0033 東京都文京区本郷3-3-11
	電話 03-5800-5780
	https://www.seibundo-shinkosha.net/
印刷・製本	株式会社 大熊整美堂

ISBN978-4-416-72362-3

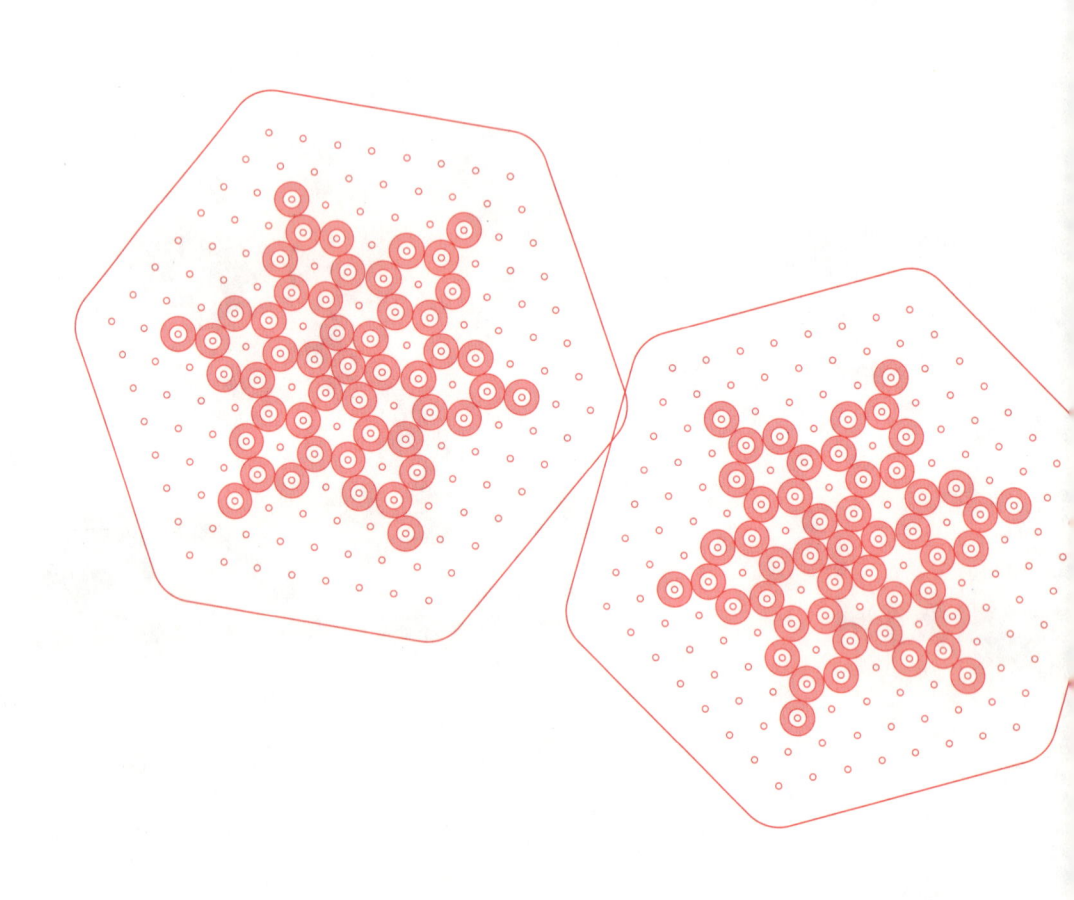